CITY|TRIP
ABU DHABI

978-3-8317-3004
9

W0065066

Inhalt

7 Auf ins Vergnügen

8   Ein Kurzurlaub in Abu Dhabi
12   *Das gibt es nur in Abu Dhabi*
14   Abu Dhabi für Citybummler
17   Abu Dhabi für Kauflustige
24   Abu Dhabi für Genießer
26   *Smoker's Guide*
32   Abu Dhabi am Abend
35   Abu Dhabi für Kunst- und Museumsfreunde
37   Abu Dhabi zum Träumen und Entspannen
41   Zur richtigen Zeit am richtigen Ort
44   *Der Ramadan – Fasten und Frömmigkeit*

45 Am Puls der Stadt

46   Das Antlitz der Metropole
48   Von den Anfängen bis zur Gegenwart
51   Leben in der Stadt
52   *Jagdfalken –*
     hoch geschätztes Beduinenerbe
55   *Herrschende Häupter*
56   Zukunftsvisionen

Zeichenerklärung

★ ★ ★   nicht verpassen
★ ★   besonders sehenswert
★   wichtig für speziell
        interessierte Besucher

[A1] Planquadrat im Kartenmaterial. Orte ohne diese Angabe liegen außerhalb unserer Karten. Ihre Lage kann aber wie von allen Ortsmarken mithilfe der begleitenden Web-App angezeigt werden (s. S. 143).

◁ *Die Leidenschaft der Emirater für Jagdfalken zeigt sich auch in Graffiti (Foto: 001ad Abb.: kk)*

59 Abu Dhabi entdecken

60 Hauptinsel

60 Küstennähe
61 ❶ Corniche ★ ★ ★ [F2]
63 ❷ Emirates Palace Hotel ★ ★ [A2]
64 ❸ Etihad Towers ★ ★ [A3]
65 ❹ Al Bateen ★ [C5]
65 ❺ Shaikh Zayed Centre ★ ★ [B5]
65 Wellenbrecherhalbinsel (Breakwater)
65 ❻ Marina Mall ★ ★ [B1]
66 ❼ Heritage Village ★ ★ [C2]
67 Al Meena (Hafenviertel)
68 ❽ Dhau-Hafen, Fischmarkt und Meena Market ★ ★ [I1]
69 Stadtzentrum
69 ❾ WTC Souq ★ ★ ★ [F2]
70 ❿ Al Hosn Fort ★ [E3]
71 ⓫ Madinat Zayed Shopping Centre & Gold Centre ★ [G3]
71 ⓬ Women's Handicraft & Heritage Centre ★ ★ [cn]
71 ⓭ **Shaikh Zayed Grand Mosque** ★ ★ ★ [fo]

74 Stadtnahe Inseln

74 Saadiyat
75 Schildkrötenschutz auf Saadiyat
76 ⓮ Saadiyat Beach ★ ★ ★ [dk]
76 Yas
77 ⓯ Yas Marina Circuit ★ ★ [im]
78 ⓰ Ferrari World ★ ★ [im]
79 ⓱ Yas Waterworld ★ ★ [im]
80 ⓲ Yas Mall ★ ★ [im]

80 Festlandvororte

81 ⓳ The Souk at Qaryat Al Beri ★ ★ ★ [fo]
81 ⓴ Falcon Hospital ★ ★

82 Al Ain

84 ㉑ Al Ain Oasis ★ ★ ★ [S. 83]
85 ㉒ Nationalmuseum und Shaikh Sultan bin Zayed Fort ★ ★ [S. 83]
86 ㉓ Al Ain Palace Museum ★ ★ [S. 83]
87 ㉔ Al Jahili Fort ★ ★ [S. 83]
88 ㉕ Al Qattara Oasis und Souq ★ ★
88 ㉖ Livestock Market (Tier-/Kamelmarkt) ★ ★ [S. 83]
89 Das Kamel – Weltmeister im Wassersparen
90 ㉗ Jebel Hafeet und Green Mubazzarah Park ★ ★ ★ [S. 83]

Abu Dhabi auf einen Blick

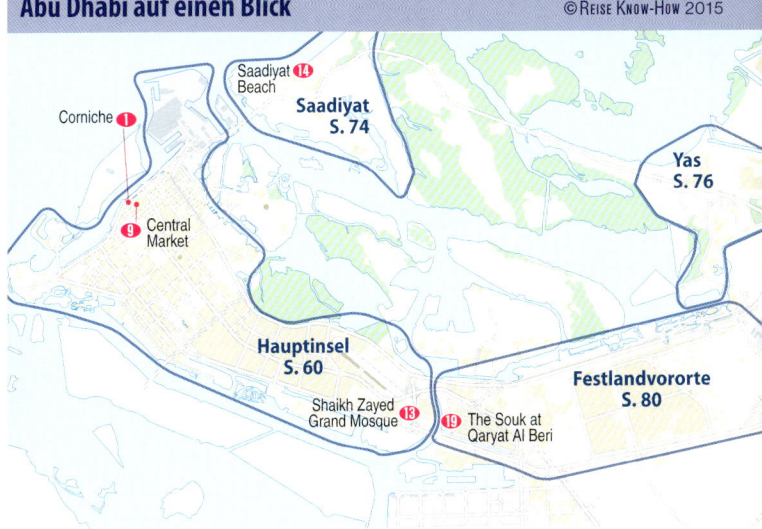

93 Praktische Reisetipps

94	An- und Rückreise
95	Ausrüstung und Kleidung
96	Autofahren
97	Barrierefreies Reisen
98	Diplomatische Vertretungen
98	Ein-/Ausreisebestimmungen
99	Elektrizität
99	Film und Foto
100	Geldfragen
102	*Abu Dhabi preiswert*
103	Gesundheitsvorsorge
103	Hygiene
103	Informationsquellen
105	*Meine Literaturtipps*
106	Internet und Internetcafés
106	Maße und Gewichte
107	Medizinische Versorgung
108	Mit Kindern unterwegs
109	Notfälle
110	Öffnungszeiten
111	Post
111	Radfahren
112	Schwule und Lesben
112	Sicherheit
112	Sport und Erholung
114	*Bohrer auf dem Buckel – Pimp the Jockey*

115	Sprache
115	Stadttouren
119	Telefonieren
121	Uhrzeit
121	Unterkunft
125	Verhaltenstipps
126	Verkehrsmittel
128	Versicherungen
129	Wetter und Reisezeit
129	*Phänomene, ohne die man gut klarkommen würde*

131 Anhang

132	Höflichkeiten auf Arabisch
133	Arabische Zahlen
134	Register
137	Die Autorin
137	Impressum
137	Schreiben Sie uns
138	Liste der Karteneinträge
141	Hinweise zur Benutzung
143	*Abu Dhabi mit PC, Smartphone & Co.*
143	Zeichenerklärung
144	Stadtplan Abu Dhabi, Stadtspaziergang

Für Sie entdeckt

Abu Dhabi boomt! Einmaligkeit ist die Regel, Bescheidenheit ein Fremdwort. Seit den ersten Ölfunden 1958 und dem Zusammenschluss von sieben vormals selbstständigen Shaikhtümern zum Staatenbund der Vereinigten Arabischen Emirate 1971 durchsprintet die Stadt eine Entwicklung im Zeitraffertempo. Einst öde Eilande werden bebaut und neue Stadtteile angelegt. Vielerorts schießen Villenviertel, Wolkenkratzer, Kulturbezirke, Freizeitstätten und Einkaufszentren aus dem Boden. Hier einige aktuelle Neuerungen:

Architekturikone
Ein Jahr vor der geplanten Eröffnung Ende 2015 ist der spektakuläre Kuppelbau des Louvre Abu Dhabi Museums vollendet (s. S. 74).

Zeitreise
Einen Bootsausflug in die Geschichte der Perlentaucherei bietet Abu Dhabi Pearl Journey (s. S. 50).

Alter Marktplatz neu bebaut
Die Vollendung des World Trade Centers (WTC) schreitet stetig voran. Im WTC Souq (s. S. 69) eröffnen immer mehr Geschäfte, auch die WTC Mall (s. S. 20) steht Besuchern nun offen. Der dritte der dazugehörigen verspiegelten Hochhaustürme wächst stetig weiter dem Himmel entgegen.

Onwani
So lange, bis Abu Dhabis neues Geo-Adress- und Navigations-System sich etabliert hat, sorgen neue Straßen- und Stadtteilnamen für Verwirrung (s. S. 141).

074ad Abb.: td

AUF INS VERGNÜGEN

Ein Kurzurlaub in Abu Dhabi

Dem Besucher bietet Abu Dhabi eine Vielfalt an Möglichkeiten von Entdeckung bis Erholung mit einer Prise Orient und einem Hauch Luxus. In dieser von Sonnenschein verwöhnten Destination verschmelzen die Vorteile von Metropole, Insel, Strand und Wüste. Typisch für Abu Dhabi sind seine futuristischen Tourismusattraktionen.

Das **Zentrum von Abu Dhabi** liegt auf einer Insel, die durch mehrere Brücken mit dem Festland verbunden ist. Um diese Hauptinsel gruppieren sich weitere natürliche Eilande, die noch vor gar nicht allzu langer Zeit allesamt kahl und unbewohnt waren – einige von ihnen erleben eine urbane Erschließung, etwa Saadiyat (s. S. 74) und Yas (s. S. 76).

Für diejenigen, die Abu Dhabi nur ein oder zwei Tage besuchen, folgt als Auftakt eine **Planungshilfe**, um die Sahnestücke von Abu-Dhabi-Stadt nicht zu verpassen. Aber auch diejenigen, die länger bleiben, können ihre ersten Urlaubstage so gestalten.

Wenn die Reiseplanung nur einen eintägigen Abu-Dbabi-Aufenthalt zulässt oder es zu heiß sein sollte, um sich lange draußen aufzuhalten, könnte man auch eine Tagestour mit dem **Big Bus** (s. S. 115) unternehmen, denn er ist im unteren Teil klimatisiert und fährt alle bedeutenden Sehenswürdigkeiten als Rundtour an. Man kann aussteigen, wo man möchte, und später wieder weiterfahren.

◁ *Vorseite: Modell des Shaikh Ẕayed National Museum (s. S. 74) – eine Ehrung für den Staatsgründer*

▷ *Die Shaikh-Ẕayed-Brücke verbindet das Festland mit der Hauptinsel*

EXTRATIPP

Führungen mit Vorausbuchung

Sehr empfehlenswert sind Führungen durch das **Falcon Hospital** ⑳ und das **Emirates Palace Hotel** ❷. Man sollte diese aber mindestens einen Tag vorher telefonisch oder online buchen. Wenn man die im Folgenden vorgeschlagenen Besichtigungstage unternehmen und die beiden Führungen dort integrieren möchte, ist es empfehlenswert, an Tag 1 vormittags die Emirates-Palace-Führung mitzumachen und an Tag 2 die durch das Falcon Hospital (da man dann ohnehin jeweils in der Nähe ist).

EXTRAINFO

Vorausplanungstipp

Wenn möglich, sollte man keinen der folgenden Besichtigungstage auf einen **Freitag** legen, da dann leider viele der **Sehenswürdigkeiten geschlossen** haben.

Auch eine **Sightseeingtour mit dem Linienbus** (s. S. 117) ist möglich – eventuelle Unannehmlichkeiten bei der Fahrt mit öffentlichen Verkehrsmitteln werden durch den unschlagbar niedrigen Preis wettgemacht.

Tag 1

Am ersten Tag stehen der **nordwestliche Küstenstreifen der Hauptinsel** und **das Geschäftszentrum** im Fokus. Die Gesamtstrecke (ca. 15 km) wäre für lauffreudige Reisende zwar zu bewältigen, aber im Hinblick auf wahrscheinlich heiße Tagestemperaturen sollte man zwischendurch ruhig

mal Taxi fahren (bzw. Leihwagen). Ein fahrbarer Untersatz macht die Tour deutlich entspannter – je nachdem in welchem Hotel man wohnt, gilt dies auch für die An- und Rückfahrt. Wer sich alle Sehenswürdigkeiten ausgiebig ansieht, lange Pausen macht und zudem den Spaziergang (s. S. 15) unternimmt, wird ohnehin erst am Abend zurück in seinem Hotel sein.

Es lohnt sich, frühmorgens zu starten. Zuerst empfiehlt sich der Besuch des im Nordosten der Hauptinsel gelegenen Hafenviertels **Al Meena** (s. S. 67) bzw. seiner Märkte. All diejenigen, die von der dem Festland zugewandten Hälfte der Hauptinsel (also dem südöstlichen Inselteil) dorthin anfahren, können sich unterwegs bei Interesse noch eine oder zwei weitere Sehenswürdigkeiten ansehen: Zum Beispiel lohnt der Besuch des **Women's Handicraft & Heritage Centre** ⓬ im Stadtteil Al Mushrif (So.–Do. ab 9 Uhr geöffnet). Bei Interesse könnte man auch das

Madinat Zayed Shopping Centre & Gold Centre ⓫ ansehen – doch zur „Vorwarnung" sei gesagt, dass noch weitere Shoppinggelegenheiten folgen. Angegliedert sind der Goldmarkt der Stadt mit seinem funkelnden Angebot sowie ein Frischmarkt mit Obst, Gemüse und Fisch. Dieses Einkaufszentrum liegt nahe dem Geschäftszentrum im Stadtteil Al Danah.

Doch nun zum eigentlichen Startpunkt, dem **Hafenviertel Al Meena:** Dieser eher ursprüngliche und weniger durchgestylte Teil Abu Dhabis beherbergt eine **Fischmarkthalle** ⑧, einen Obst- und Gemüsemarkt (s. S. 21), einen Dattelmarkt, einen

EXTRATIPP
Abkühlung
Wer zum Ausklang dieses Tages keinen City-Spaziergang machen möchte, sondern einen Strandaufenthalt bevorzugt, kann **Badesachen mitnehmen.**

Ein Kurzurlaub in Abu Dhabi

Teppichmarkt (s. S. 20) und die Marktviertel **Meena Market** ❽ bzw. **New Meena Market** (s. S. 21). Im **Dhau-Hafen** ❽ kann man sich die gleichnamigen, traditionellen Holzboote der Region ansehen, während im Hintergrund die verspiegelten Hochhäuser der Innenstadt in den Himmel ragen. Sie stehen entlang der Uferstraße **Corniche** ❶, der Schauseite der Stadt, zu der es später noch im Zuge des Stadtspaziergangs geht. Folgt man den Vorschlägen des morgigen Tagesprogramms, wird man dann abends wieder zum Hafen kommen, um an einer Dhau-Dinner-Cruise (s. S. 28) teilzunehmen.

Als nächstes geht es mitten hinein in **Abu Dhabis City** (s. S. 69), in den geschäftigen Stadtteil **Al Danah**, der im Volksmund „**Al Markaziyah**", „das Zentrum", genannt wird. Der **Capital Garden** (s. S. 38) ist eine grüne Ruheinsel mitten im Zentrum, von hier aus kann man beispielsweise ein kurzes Teilstück der Hamdan bin Mohammed St. oder der Khalifa Bin Zayed The First St. erkunden. Wer dazu keine Lust hat, kann einfach eine Rast im Capital Garden einlegen.

Die nächsten drei Sehenswürdigkeiten sind schon der Anfang des **Stadtspaziergangs**, der insgesamt ca. 9 km lang ist. Die Route wird auf S. 15 genau beschrieben und ist auch auf dem Faltplan eingezeichnet. Diejenigen, die nicht gut zu Fuß sind bzw. lieber Taxi oder Mietwagen fahren, können die einzelnen Stationen auch motorisiert erreichen. Entlang der Uferstraße Corniche und weiter bis zur Marina Mall ❻ auf der Wellenbrecherhalbinsel kann man zudem in EZ-Elektromobiltaxis steigen (s. S. 62). Und wer gar keine Lust mehr hat, kann nach dem Besuch von jeder der beiden folgenden Se-

henswürdigkeiten in wenigen Gehminuten direkt zur Küste gehen, um den Tag an der **Corniche** abzuschließen.

Doch zunächst steht ein Besuch des **WTC Souq** ❾ an. Er liegt zwischen den drei Straßen Hamdan bin Mohammed St., Khalifa Bin Zayed The First St. und Shaikh Rashid bin Saeed al Maktoum St. (die als Airport Rd bekannt ist). Unübersehbar ist der WTC Souq auch durch die beiden ihn flankierenden Spiegelglas-Hochhäuser – sie sind die höchsten weit und breit. Alle Gebäude zusammen bilden das World Trade Center (WTC), zu dem auch die WTC Mall (s. S. 20) gehört.

Nur einen Häuserblock weiter steht das letzte historische Gebäude der Stadt, das 1793 erbaute **Al Hosn Fort** ❿. Derzeit wird das Areal zu einem Museum umgebaut. In wenigen Gehminuten erreicht man von hier die Uferpromenade der Stadt, die **Corniche** ❶. Diese ca. 7 km lange Schauseite wird von Parks (s. S. 37) und einem langgezogenen öffentlichen Badestrand gesäumt (s. S. 40, nach Sonnenuntergang ist das Schwimmen nicht gestattet). Im Südwesten der Corniche fällt das **Emirates Palace** ❷ ins Auge. Dieses kuppelgekrönte Nobelhotel wird abends aufwendig illuminiert und man kann den Goldglanz im Inneren schon erahnen. Mit Voranmeldung kann man an einer Hotelführung teilnehmen. Die Gastronomiebetriebe können auch von Nicht-Hotelgästen besucht werden – natürlich entsprechen Angebot und Preis aber dem gehobenen Niveau.

Sehr sehenswert ist auch das **Heritage Village** ❼, eine Art Nachbau eines traditionellen Dorfes, das der Präsentation des emiratischen Kulturerbes dient. Es befindet sich quasi gegenüber der Corniche Beach auf einer Wellenbrecherhalbinsel (s. S. 65). Dort steht auch die letzte Sehenswürdigkeit des Tages, die **Marina Mall** ❻. Alle die noch nicht genug vom Shoppen haben, können sich hier den Einkaufsfreuden hingeben. Die Mall bietet aber auch andere Freizeitmöglichkeiten und ein gastronomisches Angebot wie ein Drehrestaurant auf dem Aussichtsturm (Tiara, s. S. 30). Taxis, EZ-Elektromobiltaxis und Busse bringen einen zurück zur Hauptinsel.

Tag 2

Sollte man an Führungen im Emirates Palace Hotel ❷ und im Falcon Hospital ⓴ interessiert sein (Vorausbuchungen notwendig), muss man das Tagesprogramm den Zeiten der Führungen entsprechend anpassen. Die Ziele dieses Tages erstrecken sich über mehrere Inseln, d. h. heute ist es unabwendbar, sich motorisiert fortzubewegen. Empfehlenswert sind dabei Taxi oder Leihwagen – öffentliche Busse eignen sich nur eingeschränkt. Wer den Abend mit einer – eher kostspieligen – Dinner-Dhau-Cruise abschließen möchte, der sollte um ca. 19.30 Uhr am Endpunkt dieses Tagesprogramms, dem Dhau-Hafen ❽, ankommen – und Hunger mitbringen.

Der Tag beginnt im äußersten Osten der Hauptinsel, an der Shaikh Zayed Grand Mosque. All diejenigen, die ab der Innenstadt (also dem nordwestlichen Teil der Hauptinsel) dorthin fahren, können unterwegs die bereits bei Tag 1 (s. S. 8) vorgeschlagenen beiden „Zusatz-Sehens-

würdigkeiten" **Women's Handicraft & Heritage Centre** ⓬ und **Madinat Zayed Shopping Centre & Gold Centre** ⓫ besuchen.

Doch nun zum eigentlichen Startpunkt, der **Shaikh Zayed Grand Mosque** ⓭, deren schneeweiße Kuppeln und Minarette nahe den Brücken zum Festland das Stadtbild bestimmen. Als eine der seltenen Ausnahmen darf hier das Innere der Moschee auch von Nicht-Muslimen betreten werden. Man kann entweder allein umhergehen (Sa.–Do. ab 9 Uhr, jedoch nicht zu Gebetszeiten) oder an einer englischsprachigen Führung teilnehmen (Sa.–Do. 10 und 11 Uhr, kostenlos).

⌂ *Das Al Dar HQ dominiert das Neubaugebiet Al Raha (s. S. 57)*

Das gibt es nur in Abu Dhabi

> *Die **drittgrößte Moschee der Welt**  und größte des Landes: Die Shaikh Zayed Grand Mosque wurde zu Ehren des Staatsgründers erbaut und steht Besuchern offen.*

> *Ein **Souq im Hochhausschatten:** Neben dem höchsten Gebäude Abu Dhabis duckt sich der neo-arabische WTC Souq ❾.*

> *Die **schnellste Achterbahn der Welt:** Sie beschleunigt in 4,9 Sekunden auf 240 km/h (s. S. 78).*

> *Der **letzte Kamelmarkt** ㉖ der V.A.E.: Hier suchen Wüstenschiffe einen neuen Besitzer.*

> *Die **größte und modernste Mall des Emirats:** Die Yas Mall ⓲ bietet mehr als 1001 Überraschung.*

> *Formel 1 im Wüstensand: Die rasantesten Rennwagen ziehen alljährlich im November auf dem Yas Marina Circuit ⓯ ihre Runden.*

> *Ein **Falkenkrankenhaus** ⓴: Hier werden nicht nur kranke Falken, sondern auch Touristen empfangen.*

☑ *Nur unter Protest lässt sich dieses Kamel auf dem Tiermarkt verladen*

005ad Abb.: kk

Danach bietet sich ein Besuch des nahegelegenen **The Souk at Qaryat Al Beri** ⓳ an. Er liegt auf der Festlandseite jenseits des Maqtaa-Kanals, der Hauptinsel und Festland hier trennt. Der Souq ist die Verschmelzung eines orientalischen Marktviertels mit einem stilvollen

Einkaufszentrum und man kann hier nicht nur in von Klimaanlagen gekühlter Atmosphäre Schaufenster gucken oder shoppen, sondern auch gut Mittagessen bzw. nur einen Kaffee oder ein Eis genießen.

Alle, die eine Führung im Falcon Hospital ❷⓿ gebucht haben, können diese am besten an dieser Stelle in ihr Tagesprogramm integrieren. Alle anderen können zur Küste von **Al Raha** (s. S. 39) fahren und über die dortigen Bautätigkeiten staunen. Auf 11 km Länge entstehen 12 Neubauviertel, in denen nach ihrer Fertigstellung 120.000 Menschen wohnen sollen. Markantestes Gebäude ist das Hauptquartier des Projektträgers Aldar, das als diskusförmiges Spiegelhochhaus nahe der Al Raha Mall (s. S. 19) funkelt.

Von Al Raha führt ein Tunnel auf die **Insel Yas** (s. S. 76). Auch hier wird noch viel gebaut, doch etliches ist auch schon fertig. Yas ist eine Art Sport- und Spaß-Insel und wegen der Formel-1-Rennbahn, dem **Yas Marina Circuit** ❶❺, berühmt. Ein besonderes Highlight ist das in die Rennbahn integrierte **Yas Viceroy Hotel** (s. S. 125). Seine geschwungene Fassade, die sich aus rund 5000 wabenförmigen Glasscheiben zusammensetzt, ist einmalig und erinnert an einen geschliffenen Diamanten. Wie ein riesiger Wal ragt es aus der Rennbahn heraus – andere sehen darin ein gelandetes Raumschiff. Auf Yas kann man z. B. einen Tag im Vergnügungspark verbringen – jedoch ist heute keine Zeit dazu: Wasserratten finden Gefallen an **Yas Waterworld** ❶❼ und Adrenalinjunkies freuen sich auf die **Ferrari World** ❶❻. Beide bieten zugleich einmalige bzw. rekordbrechende und zum anderen familienfreundliche Attraktionen. Funkelnd – und funkel-

nagelneu – ist die auf Yas stehende größte Mall des Landes, die **Yas Mall** ❶❽.

Die Autobahn E12, der Shaikh Khalifa Bin Zayed al Nahyan Highway, führt über kleinere mangrovenbestandene Eilande zu einer weiteren städtebaulichen Neuentwicklung Abu Dhabis, der **Insel Saadiyat** (s. S. 74). Sie wird derzeit mit etlichen Großprojekten zu einer Top-Kulturdestination ausgebaut. Der Louvre, das Guggenheim Museum, das Shaikh-Zayed-Nationalmuseum, das Maritime Museum sowie das Performing Art Centre werden hier in den nächsten Jahren Dependencen eröffnen.

Die fünf Gebäude sollen durch spektakuläre Architektur beeindrucken und die Museen werden außergewöhnliche Ausstellungen bieten. Die Insel hat einen herrlichen öffentlichen **Strand** (s. S. 40). Wer es nobel mag, kann an der Bar des schicken **Saadiyat Beach Club** (s. S. 40) für einen stilvollen Sundowner stoppen. Im bereits eröffneten Kunstzentrum **Manarat Al Saadiyat** (s. S. 37, geöffnet bis 20 Uhr) kann man sich „The Saadiyat Story" ansehen und staunen, wie Saadiyat in ein paar Jahren aussehen soll.

Von Saadiyat ist es nicht mehr weit zur Hauptinsel, die Shaikh Khalifa Bridge führt ins **Hafenviertel Al Meena** (s. S. 67). Am Kai des **Dhau-Hafens** ❽ starten neben dem Fischmarkt meist um 20 Uhr hell erleuchtete Dhau-Boote zur Dinnercruise und schippern die Passagiere die Uferstraße entlang (z. B. Al Dhafra, s. S. 28). Eine solche **Dhaucruise** wäre ein gelungener Abschluss des Tages, alternativ kann man auch im **Al Arish Restaurant** (s. S. 25) arabisch-emiratisch speisen.

006ad Abb.: kk

Abu Dhabi für Citybummler

Die Vorzeigeseite der Stadt ist die an der schlanken, nordwestlichen Inselseite verlaufende, ca. 7 km lange Uferpromenade Corniche, auf die jeder Besucher früher oder später trifft. Die verkehrsreiche Straße fügt sich in ein viel fotografiertes Ensemble aus Meeresblau, Parkgrün und Hochhausfunkeln ein.

Die **Corniche** 1 verkörpert vieles von dem, was Abu Dhabi gern ausstrahlen möchte: modernen, kosmopoliten Lebensstil mit einmaligen und anspruchsvollen Attraktionen für Besucher. Auch Abu Dhabis schneller Wandel manifestiert sich hier, alle paar Jahre wechselt die Uferpromenade ihr Gesicht und bietet neue markant geformte Himmelsstürmer. Über die Corniche kommt man auch in das im Nordosten gelegene **Hafenviertel** Al Meena (s. S. 67) – und weiter auf die Inseln **Saadiyat** (s. S. 74) und **Yas** (s. S. 76). Landeinwärts

schließen sich im Nordosten die innerstädtischen **Geschäftsviertel** wie Al Danah und Al Zahiyah sowie im Südwesten die **Villenviertel** Al Khalidiya und Al Khubeirah an die Corniche an.

Abu Dhabi ist in den letzten Jahren schnell gewachsen, sowohl in Richtung Meer als auch in die Wüste – und in den Himmel. Spazieren zu gehen ist nicht immer und überall schön, denn vielerorts kann die Stadt auch nervig sein oder sogar „höllische" Züge zeigen, denn je nach Tages- und Jahreszeit ist es heiß und obendrein schlaucht einen die hohe Luftfeuchtigkeit.

⌂ *Spaß beim Bootfahren vor Abu Dhabis Skyline*

Abu Dhabi mit seinen Autos und Baustellen ist auch laut und wenn der Stadtplan meint, dass es „einfach geradeaus" gehen sollte, dann könnten Schnellstraßen ohne Fußgängerüberweg und mit eingezäunten Bürgersteigen oder Baustellen diesen Weg versperren.

Das Denken vieler Golf-Einwohner kannte lange kein „zu Fuß gehen", weder aus Erholungs- noch aus praktischen Gründen. Gebummelt wird in Malls oder abends nach dem Picknick im Park. Doch allmählich setzen Wandlungen ein: Abu Dhabi hat entdeckt, dass Fußgängerüber- oder -unterführungen einen Nutzen haben. Neubaugebiete zeigen **immer mehr Fußgängerfreundlichkeit.**

Das Flanierareal Nummer 1 ist natürlich die Uferstraße, die **Corniche** am nordwestlichen Ende der Hauptinsel. Insbesondere zu kühleren Abendzeiten – etliche Laternen erhellen den Fußweg – und am Wochenende kommen viele zum Bummeln oder Ausspannen hierher, auch Joggen und Radfahren kann man hier gut.

Auch entlang des östlichen Inselufers, der **Eastern Corniche** – offiziell heißt sie Shaikh Zayed Bin Sultan St. – kann man mit Ausblick auf die unter Naturschutz stehenden östlichen Mangroven Abu Dhabis spazieren gehen.

Der gepflasterte Weg bietet etliche Sitzbänke und Schatten spendende Kuppeldächer, daher ist er zum Picknicken sehr beliebt. Einen Strand gibt es hier allerdings nicht.

Routenverlauf im Stadtplan

Der hier beschriebene Spaziergang ist mit einer farbigen Linie im Stadtplan eingezeichnet.

Stadtspaziergang

Bei der Größe Abu Dhabis (allein die Hauptinsel misst 60 km²) ist es nicht möglich, alle Sehenswürdigkeiten zu Fuß zu erreichen. Der folgende Spaziergang (ca. 9 km) führt den Besucher an verschiedenen **Sehenswürdigkeiten im Zentrum** an der Nordwestseite der Hauptinsel vorbei – also auch an der vielgerühmten Corniche ❶.

Bei **großer Tageshitze** sollte man am späten Nachmittag starten und in den Abend hineinspazieren. Je später man startet, desto mehr empfiehlt es sich aber, ein Teilstück mit dem Taxi bzw. entlang der Corniche mit dem EZ-Elektromobiltaxi (s. S. 62) zu fahren. An der Corniche kann man sich auch ein Fahrrad mieten (s. S. 62), z. B. in Höhe der Mubarak bin Mohammed St. oder am Beginn der Wellenbrecherhalbinsel. Immer wieder gibt es Cafés, Eisdielen oder Imbisse am Wegesrand. Der Endpunkt dieses Spaziergangs ist die Marina Mall, wo man zum Abschluß essen oder einkaufen gehen kann. Hier findet man auch Taxis, EZ-Elektromobiltaxis und Busse, um zurück zur Hauptinsel oder zu seinem Hotel zu kommen.

Startpunkt des Spaziergangs ist der **WTC Souq** ❾. Das historische, aber heute neumodisch designte Marktherz Abu Dhabis liegt mitten im Geschäftszentrum der Stadt. Um diese Neuadaption eines orientalischen Souqviertels zu erschaffen, wurden – typisch für Abu Dhabi – Tradition und Moderne miteinander verbunden und es werden überwiegend typisch arabische Waren, aber auch Souvenirs feilgeboten. Man sollte sich z. B. bei Sougha (s. S. 23) mit seinen original emiratischen Handwerkswaren

Abu Dhabi für Citybummler

007ad Abb.: kk

umsehen. Angegliedert ist die WTC Mall mit hochpreisigen Geschäften (s. S. 20).

Nun sind es nur wenige Gehminuten zur Shaikh Rashid bin Saeed al Maktoum St. (Airport Rd), in deren Mitte sich der **Al Etihad Square** [F2] befindet. Der grün bepflanzte Platz an sich ist keine Sensation, kurios sind aber die riesigen, weißen Skulpturen: Es wurden u. a. Weihrauchbrenner, Rosenwassersprenkler und weitere traditionelle Gegenstände in Stein gebannt – außerdem auch eine Kanone …

Folgt man der Hamdan bin Mohammed St. nach Westen, erreicht man kurze Zeit später das einzige historische Bauwerk dieser modernen Orientmetropole: das 1793 erbaute **Al Hosn Fort** . Leider ist der blütenweiße Festungsbau derzeit nur durch einen Bauzaun zu erspähen, denn er wird renoviert und in einen Museumskomplex integriert.

Wenn man sich an der Kreuzung Hamdan bin Mohammed St. und Khaleed bin al Waleed St. nach Nordwes-

ten wendet, der Khaleed bin al Waleed St. ca. 50 m folgt und vor der British Embassy nach links abbiegt, erreicht man bald den **Family Park** (s. S. 109), der in diesem Bereich die **Uferstraße Corniche** ❶ säumt. Richtung Südosten (nach links) geht es nun weiter durch diesen Park und den anschließenden Al Markaziyah Garden. Für die nächsten 2 km folgt der Spaziergang der Corniche, Orientierungsschwierigkeiten sollten nicht entstehen und man kann entspannt bummeln und die Atmosphäre an dieser Schauseite der Stadt genießen. Der Family Park, der nur ein Teil verschiedener Corniche-Parkbereiche ist, bietet Klettergerüste, eine Skateranlage und einen Wasserspielplatz für Kinder. Bis 2009 verlief genau hier die Straße, dann wurde bei einem großangelegten Bauprojekt dem Meer Land abgewonnen und die Straße seewärts verlegt. Die alte Trasse wurde abgetragen und der Park angelegt.

An der Mubarak bin Mohammed St., eine auf die Corniche mündende Querstraße, verengt sich das Grün merklich. Hier wechselt man besser auf die seewärts gerichtete Seite der Corniche und kann so am hier beginnenden **Corniche Public Beach** (s. S. 40) weiterbummeln, der den **Stadtteil Al Khalidiya** begrenzt. Er bietet auch Umkleidekabinen, Toiletten, Gastronomiebetriebe. Alternativ kann man sich bei Fun Ride Sports (s. S. 62) ein Fahrrad mieten, jedoch muss man das Rad später wieder hierher zurückbringen.

Auffällig ist, dass die Badeareale des Strands eingeteilt sind. Das vorletzte Stück vor dem Abzweig zur Wellenbrecherhalbinsel (s. S. 65) ist ein allen zugänglicher Badestrand ohne Eintrittsgebühren, das allerletz-

⌂ Schattensegel überspannen den Fußweg der Corniche ❶

Stadterkundung per Linienbus

Wer keine Lust hat, bei heißen Temperaturen zu Fuß unterwegs zu sein, kann auch mit – klimatisierten – Linienbussen Abu Dhabi erkunden. **Vorschläge** hierfür finden sich auf Seite 117.

te Stück ist der Privatstrand des Hilton Hotels (S. 124). Wer nicht weiterlaufen möchte, kann sich an diesem Ende der Corniche ein Fahrrad mieten (s. S. 62).

Wenn man am Ende der Uferstraße nach Norden (rechts) auf die Straße zur Wellenbrecherhalbinsel abbiegt, fällt der Blick auf die Rückseite eines pompösen, palastgleichen Kuppelbaus samt Garten, Poollandschaft und langem Privatstrand. Es handelt sich um das **Emirates Palace Hotel❷**. Dieses exklusivste aller Hotels kann man im Rahmen eines geführten Rundgangs auch besichtigen.

Auf der **Wellenbrecherhalbinsel** (genannt Breakwater, s. S. 65) angekommen, kann man geradeaus schon das Ziel dieses Spaziergangs sehen, die Marina Mall. Doch vorher biegt man kurz vor der Mall auf die einzige nach Nordosten (rechts) führende Straße. Von hier aus kann man sehen, wo man zuvor noch spaziert ist – die Aussicht auf die Corniche beeindruckt. An einem kleinen Bootshafen vorbei führt der letzte halbe Kilometer auf einer Sackgassen-Straße über einen engen Damm zur vorletzten Sehenswürdigkeit, dem **Heritage Village❼**. Kurz dahinter endet die Wellenbrecherhalbinsel an einem hohen Mast mit riesiger Landesflagge, einem beliebten Aussichts- und Fotografierpunkt. Das Heritage Village ist

bis 21 Uhr geöffnet und präsentiert in anschaulicher Weise in Form eines alten Dorfes das Kulturerbe der V.A.E.

Ab hier führt der Weg zur **Marina Mall❻**, dem Endpunkt des Spaziergangs. Hier kann man essen, trinken, shoppen, am Brunnen rasten, Schlittschuh laufen oder ins Kino gehen. Als gelungenen Abschluss könnte man im Drehrestaurant Tiara (S. 30) im Aussichtsturm der Mall essen und die Aussicht genießen, was jedoch seinen Preis hat. Kostengünstiger – und mit ähnlicher Aussicht – ist das Colombiano Coffee House (s. S. 31).

Abu Dhabi für Kauflustige

Die Einkaufsmöglichkeiten in Abu Dhabi sind vielfältig und entsprechend groß ist das Warenangebot. Ob in elegant gestylten Boutiquen, in ultramodernen Einkaufszentren, in orientalischen Souqs oder an Ständen des Hafenmarkts – nahezu alle Wünsche können erfüllt werden.

Es gibt **edle Haute Couture** aus Paris, Mailand und London, aber auch **preiswerte Bekleidung** aus China und Indien, exklusive Armbanduhren aus der Schweiz und billige aus Hongkong, wertvolle Juwelen und antiken Beduinenschmuck, einheimische Datteln und importierte Erdbeeren. Auch wenn Abu Dhabi nicht wirklich günstig ist, finden sich auch hier Schnäppchen.

Shoppingareale

Die wichtigsten Shoppingbereiche der Stadt sind im Kartenmaterial mit einer rötlichen Fläche markiert.

008ad Abb.: KK

Das obligatorische orientalische **Feilschen** ist eine Sache für sich. Ein Tausch von Gut gegen Geld wäre viel zu einfach – ein guter Deal braucht seine Zeit. Freundliche Wortscharmützel um Preis und Qualität gehören oft zu einem Einkauf dazu. Handeln ist die **Kunst des gezielten Umweges**, eine interessante Kommunikationsform, ein Ausdruck der Lebensfreude und fast schon ein Ritual.

In den Läden der traditionellen Souqs sind die wenigsten Waren mit einem Preis ausgezeichnet – höchstens in typischen Touristen-Souvenirläden. Wer sich für etwas interessiert, muss als Erstes nach dem Preis – genauer gesagt nach dem Wert, den der Händler als **Ausgangsbasis** für angemessen hält – fragen. Die genannte Summe ist der Ansatzpunkt für das meist dazugehörende Verhandlungsgespräch, es ist (noch) nicht der Endpreis der Ware.

Handeln ist nichts Unseriöses oder Unsittliches – im Gegenteil! Beim Handeln geht es nicht darum, einen Preisnachlass zu erbitten oder den billigsten Kaufpreis für sich herauszuschlagen. Es geht darum, einen **Preis**aufschlag möglichst niedrig zu halten und sich auf eine gerechte Summe zu einigen. Durch faires und fantasievolles Handeln steigert der Käufer sein Ansehen ungemein.

Besonders beim **Kauf von Souvenirs** muss man handeln, es gehört einfach dazu. Festpreise gelten für Lebensmittel und in Supermärkten, ansonsten kann man die gängige Möglichkeit, einen „Discount" zu erzielen, nahezu überall nutzen – in den Läden der Souqs und selbst in Goldgeschäften oder exklusiven Boutiquen. Sogar in Souvenirläden, die ein „Fixed Prices"-Schild im Schaufenster aufgestellt haben, sollte man das Handeln nicht unversucht lassen.

Den Versuch zu feilschen, werden die meisten Händler mit einem verschmitzten, aber einladenden Lächeln beantworten. Wer allerdings keinen Preisnachlass anstrebt, dem wird selten einer eingeräumt. Dann freuen sich die Kaufmänner über ihre hohe Gewinnspanne und denken sich ihren Teil über das Unvermögen des **Spielverderbers.**

Absolut unhöflich wäre es, nach einem vollendeten Preiseinigungsgespräch einen **Rückzieher** zu machen und die Ware nicht zu kaufen. Bitte beim Handeln möglichst früh aussteigen und keine Verhandlung beginnen, wenn am Anfang schon klar ist, das man keinerlei Kaufinteresse hat.

⌃ *Bunte Gewürzvielfalt*

⌄ *Der WTC Souq* **9** *ist ein riesiges neo-arabisches Einkaufszentrum*

Einkaufszentren und Malls

Die Einkaufszentren und Malls westlichen Stils repräsentieren viele Aspekte, auf die Abu Dhabi stolz ist: internationale **Warenvielfalt** und Kaufkraft, gepflegte, elegante Atmosphäre und großzügige, moderne Architektur sowie Sauberkeit und Sicherheit. In diesen wohltemperierten Wunderwelten findet ein Großteil des öffentlichen Lebens statt. Sie sind wichtige Begegnungsstätten und viele verfügen über diverse **Freizeiteinrichtungen** wie beispielsweise Kinderspielbereiche oder eine Eislaufbahn (s. S. 66)!

In allen großen Einkaufszentren erlauben **Cafés**, **Spezialitätenrestaurants** und **Schnellimbisse** Verschnaufpausen. Zudem eröffnet meist mindestens ein Café seinen Gästen den Zugang zum Internet. Wer die kulinarische Auswahl liebt, der wird von den sogenannten **Food Courts** begeistert sein. Hier kann man sich an verschiedenen Snackständen eine preiswerte Mahlzeit zusammenstellen und diese an den bereitgestellten Tischen verspeisen oder mitnehmen. Serviceeinrichtungen wie

Postschalter, Reinigungen, Apotheken, Geldwechselbüros und Bankautomaten sind ebenfalls vorhanden.

Die Geschäfte in den beliebten und **größten Einkaufszentren** sind sechs oder sieben Tage die Woche durchgehend geöffnet (meist Sa.–Do. 10–22 Uhr, Fr. öffnen manche erst später und haben dafür länger auf). Gastronomiebetriebe, Supermärkte, Kinos, Kinderspielzentren haben mitunter andere Öffnungszeiten.

Diverse neue große Einkaufszentren oder Malls sind im Bau: so die Sowwah Central Mall, die Reem Mall und die Saadiyat Mall.

In **kleineren Einkaufszentren** schließen Geschäfte mittags zwischen ca. 13 und 16 Uhr, freitags sind manche erst ab nachmittags geöffnet. Im Ramadan (s. S. 44) gelten veränderte Öffnungszeiten.

1 [I4] **Abu Dhabi Mall**, Al Zahiyah, Tel. 6454858, www.abudhabi-mall.com. Eine zentral gelegene, beliebte Mall, die Besuchern auf vier Etagen rund 200 Geschäfte bietet. Hinzu kommen etliche Restaurants, Cafés, ein Food Court, Grand Cinemas, Fun City und ein Co-op Hypermarket.

2 [hn] **Al Raha Mall**, Al Raha, Tel. 5562229, www.al-rahamall.com. Auf dem Festland am Abu Dhabi-Dubai Highway (E10) gelegene Mall mit Waren und Serviceleistungen für den alltäglichen Bedarf für diejenigen, die fernab des Zentrums auf dem Festland oder auf der Insel Yas wohnen.

3 [F5] **Al Wahda Mall**, Al Wahda, Tel. 4437070, www.alwahda-mall.com. Mall mit rund 200 Geschäften auf vier Etagen. Etliche bekannte Modemarken, Kinos, Food Court, Kinder-Entertainment Wanasa Land und LuLu Hypermarket.

4 [A3] **Avenue at Etihad Towers**, Al Ras al Akhdar, Etihad Towers, www.etihadtowers.ae, Tel. 8003844238. Luxuriöses Einkaufszentrum mit hoch-

009ad Abb.: kk

preisigen Marken: Mode, Schmuck, Schuhe, Parfüms und Accessoirs, auch Gourmetsupermarkt.

🔒5 **Bawabat Al Sharq Mall,** im Festland-vorort Baniyas, Tel. 5031400, www.basmall.ae. Über 150 Geschäfte ver-schiedenster Art, über 20 Gastrono-miebetriebe und Food Courts, Carrefour Hypermarket, Grand Cinemas und das riesige Wanasa Land, ein Kinder- und Familienunterhaltungszentrum.

🔒6 **Dalma Mall,** Mohammed bin Zayed City, Tel. 5509555, www.dalmamall.co. Auf dem Festland gelegene große Mall mit rund 480 Geschäften samt Outdoor-Superstore, 14 Cine-Royal-Kinos, Food Court, Fun-City-Kinderspielzentrum, Indoor-Adventure Freizeitpark, Carrefour Supermarket.

🔒7 [G3] **Hamdan Centre,** Al Danah, Ham-dan St. Ecke Sultan Bin Zayed The First St. Kleineres Einkaufszentrum, das wegen seiner preiswerten Bekleidung beliebt ist, auch Souvenirshops.

🔒8 [D4] **Khalidiyah Mall,** Al Khalidiya, Tel. 6354000, www.khalidiyahmall.com. Das in arabischem Stil errichtete Gebäude birgt 160 Geschäfte, LuLu Hypermarket, Food Court, Cine-Royal-Kinos, Bowling City, Sparky's Family Fun Centre.

🔒9 [I3] **Khalifa Complex,** Al Zahiyah schräg gegenüber der Abu Dhabi Mall. Im Erd-geschoss finden sich Geschäfte mit Handarbeiten, Kunsthandwerk, Antiqui-täten, Teppichen und Souvenirs.

⓫ [G3] **Madinat Zayed Shopping Cen-tre & Gold Centre.** Großes, von Arkaden gesäumtes Einkaufszentrum mit ange-schlossenem Goldmarkt.

❻ [B1] **Marina Mall.** Markante, zeltdach-gekrönte Mall auf der Wellenbrecher-halbinsel, die Einkaufsspaß und Freizeit-vergnügen bietet.

🔒10 [dn] **Mushrif Mall,** Al Mushrif, Shaikh Rashid bin Saeed al Maktoum St., Tel. 6904422, www.mushrifmall.com. Rund 200 Geschäfte, LuLu Hypermarket,

Sparky's Kinderspielbereich, Food Court; The Market ist ein großer Frischmarkt mit Fleisch, Fisch, Obst und Gemüse.

🔒11 [J3] **The Galleria,** Al Maryah, Sow-wah Square, www.thegalleria.ae, Tel. 6166999. Im Business District gelege-nes stilvolles Einkaufszentrum mit rund 130 Geschäften, die vornehmlich Luxus-marken bieten, zudem 23 Restaurants (z. T. mit Alkohollizenz) und Cafés.

🔒12 [cm] **The Reem Mall,** Al Reem, Tel. 6665355, www.thereemmall.com. Mall auf der Insel Al Reem mit 550 Geschäften und 100 Gastronomie-betrieben. Soll 2016 eröffnet werden.

🔒13 [F2] **WTC Mall,** Al Danah, Tel. 5082400, www.wtcad.ae. Zentral gele-gene Mall des World Trade Center (WTC) mit 160 stilvollen Boutiquen und dem populären britischen Kaufhaus House of Fraser. Zudem 20 Gastronomiebetriebe (manche mit Tischen auf riesigem Dach-terrassengarten) sowie Kinokomplex. Angegliedert ist der WTC Souq ❾ .

⓳ [im] **Yas Mall,** Yas. Größte und modernste Mall des Emirats.

Souqs

Märkte für Obst und Gemüse öffnen täglich von den frühen Morgenstun-den bis zum Abend (manche Stände schließen über Mittag oder/und zu Gebetszeiten), Fisch- oder Fleisch-märkte sind nur vormittags geöffnet.

🔒14 [J2] **Carpet Market.** Am Hafen gelege-ner Teppichmarkt, der aus verschiede-nen Einzelgeschäften besteht.

❾ [F2] **WTC Souq.** Moderner Einzelhan-dels-Souq im Zentrum.

🔒15 [J1] **Fish Market,** Al Meena. In die-ser Fischmarkthalle am Hafen ist in den frühen Morgenstunden ab ca. 5 Uhr am meisten Betrieb.

▷ *Frischer Fisch auf dem Fish Market*

16 [F4] **Madinat Zayed Fish & Vegetable Market,** Al Danah. Neben dem Madinat Zayed Shopping Centre & Gold Centre befindet sich eine Halle mit Obst-, Gemüse-, Fleisch- und Fischläden, allerdings ist das Angebot hier bescheidener als das am Hafen.

8 [I1] **Meena Market,** Al Meena. Shops und Stände mit Haushaltswaren im Hafenviertel am Eingang zum Dhau-Hafen, auch Pflanzen.

17 [bk] **New Meena Market,** Al Meena, Ladenzeilen mit Alltagswaren-Geschäften im Hafenviertel.

19 [fo] **The Souk at Qaryat Al Beri.** Neoarabisches Einkaufszentrum in Festlandnähe mit interessanten Geschäften und vielfältigen Gastronomiebetrieben.

18 [J1] **Vegetable Market,** Al Meena. Beim Hafen befindlicher Markt mit Gemüse, Obst und einer Dattelabteilung.

Interessante Geschäfte

❯ **Arabian Oud,** Breakwater, in der Marina Mall **6**, www.arabianoud.com, Tel. 6811155, geöffnet: 10–22 Uhr. Erlesene arabische Düfte für Sie und Ihn – können auch selbst kreiert werden –, Öle, Parfüms, Dufthölzer, Räuchermi-

schungen, Geschenke, Brenngefäße und Accessoires. Auch in der Dalma Mall und der Zayed the First St.

❯ **ARJMST,** Tel. 6441575, www.arjmst. com. Ausgefallene Schmuckstücke der emiratischen Designerin und Juwelierin Azza Al Qubaisi. Materialien wie Gold, Perlen, Silber, Edelsteine werden kombiniert und zu orientalischem Design verarbeitet. Die schmucken Kunstwerke zeigen Originalität und Charakter. Verkauf bei Made in UAE in der Marina Mall **6**.

❯ **Bateel,** Al Zahiyah, in der Abu Dhabi Mall (S. 19), außerdem in der Khalidiyah Mall, in The Galleria (s. S. 20) und The Souk at Qaryat Al Beri **19**, Tel. 6452121, www.bateel.com, geöffnet: 10–22 Uhr. Erlesene Datteln und weitere Dattelprodukte.

19 [B1] **Candelite,** Breakwater, Centrepoint, neben der Marina Mall **6**, Tel. 6816022, www.candelite.com, geöffnet: Sa.–Mi. 10–22, Fr. 14–23 Uhr. Süßwaren verschiedenster Art, u. a. Schokolade und Pralinen aus Kamelmilch.

20 [D3] **Folklore Gallery,** Al Khalidiya, Zayed the First St., gegenüber der Dana Plaza, www.folkloregallery.net, Tel. 6660361, geöffnet: Sa.–Do. 9–21 Uhr. Vielfältiges Sortiment an Bildern einheimischer Künstler, z. B. Seidenmalerei, Abstraktes, Drucke und auch irakische oder nepalesische Werke. Rahmen nach Wunsch. Auch handgemalte Grußkarten.

❭ **Gallery One,** Bain al Jessrain im The Souk at Qaryat Al Beri ⑲, Store 27, Tel. 5581822, www.g-1.com, geöffnet: 10 – 22 Uhr. Kunstvolle Fotografien und Leinwanddrucke, die man entweder rahmen lassen oder als Rolle mitnehmen kann.

❭ **Jashanmal Bookstore,** Al Zahiyah in der Abu Dhabi Mall (S. 19), Tel. 6443869, www.jashanmalbooks.com, geöffnet: 10 – 22 Uhr. Buchladen mit großer Auswahl an englischsprachigen Büchern, auch viele über Abu Dhabi und die V.A.E. Auch im Spinneys Supermarkt in Al Khalidiyah und am Airport Terminal 1 und 2.

❭ **Magrudy's,** Al Wahda in der Al Wahda Mall (s. S. 19), Tel. 4437172, www.magrudy.com, geöffnet: 10 – 22 Uhr. Buchladen mit umfangreichem Sortiment an englischsprachigen Büchern, auch über Abu Dhabi und die Emirate.

❭ **Persian Carpet House,** Al Zahiyah in der Abu Dhabi Mall (s. S. 19), Tel. 6452115, www.pch.ae, geöffnet: 10 – 22 Uhr. Handgeknüpfte Perserteppiche, arabisches Kunsthandwerk, Wohnaccessoires, Möbel und Antiquitäten im WTC Souq ⑨.

❭ **Yas Perfumes,** Al Zahiyah, in der Abu Dhabi Mall (S. 19) Tel. 6444562, www. yasperfumes.com, geöffnet: 10 – 22 Uhr. Hochwertige arabische und französische Parfüms, arabische Dufthölzer und -öle, Kosmetik und Körperpflegeprodukte, Räucherwerk, Brenngefäße, Geschenke, Flacons. Weitere Filialen: Marina Mall ⑥, Al Wahda Mall, Khalidiyah Mall, The Galleria, Dalma Mall, Mushrif Mall (s. S. 19).

❭ *Produkte aus geflochtenen Palmfasern eignen sich als Souvenir*

Traditionelles Kunsthandwerk

In Abu Dhabi bieten sich mehrere interessante Möglichkeiten, um traditionelles Kunsthandwerk zu kaufen. Das **Sortiment** umfasst beispielsweise bunte, handgewebte Decken, Wandteppiche, Kissenhüllen, Tischläufer, Taschen und Geldbörsen. Aus Palmwedelfasern geknüpfte Körbe und Matten gibt es in verschiedenen Größen. Auch Lederwaren, bestickte oder geklöppelte Zierbordüren, Schmuckstücke, Holztruhen, Kaffeekannen und Weihrauchbrenner kann man erwerben.

❼ [C2] **Heritage Village.** In diesem auf der Wellenbrecherhalbinsel gelegenen Dorf kann man einiges über die Kultur der Bevölkerung erfahren und traditionelle Handwerkswaren und Andenken kaufen.

❭ **Made in UAE** ist ein Projekt der einheimischen Künstlerin Azza al Qubaisi zur Förderung des lokalen Kunsthandwerks. Die traditionellen Artikel werden an verschiedenen Orten verkauft, so in der Marina Mall ⑥ (geöffnet Sa.–Do. 10–22, Fr. 14–22 Uhr), im Hilton Hotel (s. S. 124) und im Hotel Shangri-La (s. S. 124), www.miuaes.com.

011ad Abb.: kk

> **Sougha** bedeutet übersetzt „Souvenir" und so heißt eine vom Khalifa Fund for Enterprise Development in Partnerschaft mit Etihad Airways entwickelte Initiative. Die Artikel werden von emiratischen Frauen hergestellt und können am Sougha-Stand (geöffnet: Sa.–Do. 16–22 Uhr) im WTC Souq **9**, in den Etihad-Airways-Filialen in der Marina Mall **6** und im Madinat Zayed Shopping Centre **11** sowie auf Flügen von Etihad gekauft werden, www.sougha.ae.

12 [cn] **Women's Handicraft & Heritage Centre.** Dieses Zentrum befindet sich im Stadtteil Al Mushrif auf dem Gelände der staatlichen Abu Dhabi Womens Association, zeigt in einer Ausstellung lokale Handwerksprodukte und verkauft sie zu festgesetzten Preisen (geöffnet: So.–Do. 9–13 Uhr).

Souvenirs

Es gibt unzählige Artikel, die man als Andenken mit nach Hause nehmen kann. Im Folgenden sind einige **typische Dinge** aufgeführt.

Sehr gut zum **Souvenirshopping** geeignet ist der WTC Souq **9**, eine kleine Auswahl bieten das Heritage Village **7** und der Khalifa Complex (s. S. 20). The Souk at Qaryat Al Beri **19** weist ein höheres Preisniveau auf. In Al Ain bietet die Bawadi Mall (S. 92) Geschäfte mit traditionellen Waren und Kunsthandwerk. Zudem gibt es in den großen Einkaufszentren und in manchen Hotels Souvenirgeschäfte oder Antiquitätenläden – letztere bieten ein exklusives Warenangebot.

> **Souvenirkitsch:** „I love Abu Dhabi" auf T-Shirts, hölzerne Tierfiguren, funkelnde Schatullen, klimpernde Bauchtanzgürtel und vieles mehr
> **Kamelkitsch:** Ein beliebtes Souvenirmotiv sind Kamele – auf Postkarten, als Schlüsselanhänger, auf Kappen, als Kühlschrankmagnet, auf Glasuntersetzern, auf Feuerzeugen, auf Einkaufstaschen, auf Kaffeebechern oder auf T-Shirts.
> **Weihrauch:** Je heller, desto besser ist die Qualität, abgepackt in Supermärkten zu kaufen oder lose im WTC Souq **9**. Das Harz wird in tönernen Brenngefäßen auf glühender Kohle verbrannt.
> **Weihrauchbrenner:** meist aus Ton

> **Kaffeekannen** mit dem markanten Schnabelausguss
> **Traditioneller Silberschmuck:** Halsketten, Armreifen, Finger-, Ohr- und Zehenringe, Gürtel, Haarschmuck, Fußreifen etc.
> **Dekogegenstände aus Messing:** Tabletts, Wandteller, Kaffeekannen
> **Parfüm** und individuell gemischte **Duftöle** und **Räuchermischungen:** In unzähligen Parfümerien und Kosmetikläden in den Souqs und in Einkaufszentren sind vielfältige Duftnuancen erhältlich. Zum Verbrennen gedachte, traditionelle Duftmischungen beinhalten Sandelholz, Weihrauch, Myrrhe, Moschus, Rosenblätter, Öle und Blüten und werden in tönernen Weihrauchbrennern auf glühender Kohle verbrannt.
> **Wasserpfeifen:** Auch für Nichtraucher einen Versuch wert, denn der aromatische Rauch wird wassergekühlt und ist daher mild.
> **Wasserpfeifentabak:** Den klebrigen Tabak gibt es entweder „pur" oder auch aromatisiert mit Fruchtgeschmack in Souqs und Supermärkten.
> **Traditionelle Kleidung:** Zahlreiche Touristinnen finden Gefallen an den farbenfrohen Kleidern, die mit aufwendigen Stickereien und Applikationen versehen sind. Arabische wie auch indische Modelle finden sich in vielen Varianten.

EXTRATIPP

Orientalische Leckereien

All diese Leckereien sind in großen Supermärkten erhältlich.

❯ Ein Schuss **Rosenwasser** in Wasser und mit Zucker als Getränk, aber auch im Milchreis (mit Nüssen und Rosinen) oder im Blätterteiggebäck (mit Honig und Pistazien) ist überaus lecker.

❯ **Kardamom** kann als ganze Kapsel oder gemahlenes Pulver mit schwarzem Tee oder Kaffee aufgebrüht werden oder man kauft Gewürzkaffee, der fertig gemischt mit Kardamom und Safran angeboten wird.

❯ Die beliebteste Frucht des Orients ist die **Dattel,** die es sowohl frisch als auch getrocknet, mit Nüssen gefüllt oder als Pralinen gibt.

❯ Alle, die es zuckersüß mögen, sollten **libanesische Süßspeisen** probieren und mitnehmen. Sie bestehen aus Blätterteig mit viel Honig, Nüssen und Datteln.

☑ *Datteln – lose oder abgepackt – gibt es in vielen Sorten, Qualitäts- und Preisstufen*

012ad Abb.: kk

Abu Dhabi für Genießer

Abu-Dhabi-Stadt bietet eine Vielzahl an Restaurants, (Speise-)Kneipen, Imbissen, Cafés, Eisdielen, Bars und Cocktail-Lounges mit einer entsprechend großen kulinarischen Vielfalt, die keine Ländergrenzen kennt. Je nach Geschmack und Geldbeutel kann man zwischen einem Festmahl oder einem Imbiss wählen.

Die meisten Restaurants, vor allem die der Hotels, servieren Essen von 12 bis 15 und von 19 bis 23 Uhr. Am **Freitagmittag** (eine wichtige muslimische Gebetszeit) schließen viele Straßenrestaurants bzw. öffnen erst am frühen Nachmittag – Hotelrestaurants haben dagegen geöffnet. Restaurants und Cafés in den Einkaufszentren haben meist durchgehende **Öffnungszeiten** von 10 bis 22 Uhr (z. T. freitagmittags während der Gebetszeit geschlossen), auch wenn manche benachbarten Geschäfte und Boutiquen über Mittag geschlossen sind. Auch die Food Courts sind durchgängig geöffnet (außer freitags). Sonderregelungen gelten während des Fastenmonats **Ramadan** (s. S. 44).

Alkohol (s. S. 33) wird nur in Hotels sowie in lizenzierten Lokalen ausgeschenkt.

Hotelrestaurants addieren 10 % Servicegebühr und 6 % Steuern auf ihre Rechnung.

Ausgewählte Restaurants

Unsere Tipps beinhalten gleichermaßen Gastronomiebetriebe in Hotels als auch Restaurants in den Tourismusarealen von Abu-Dhabi-Stadt. In den Malls und Einkaufszentren (s. S. 19) finden sich weitere Lokale. Sehr beliebt und gar nicht so teuer sind die üppigen **Büfetts**, insbesondere zum Frühstück und mittags, wenn es für viele Berufstätige um eine schnelle Mahlzeit geht (Preis in einem Mittelklasse-Restaurant 15–40 Dh, im Luxusrestaurant ab 180 Dh). Abends wird meist **à la carte** gespeist.

Orientalische Speisekarte

Wer authentisch arabisch essen möchte, der wird zum Beispiel Gefallen an libanesischer Küche finden. Viele Restaurants bieten auch die Möglichkeit, eine **Wasserpfeife** zu rauchen (Shisha, ab 30 Dh).

🚩**21** [F2] **Abu Shakra** €, Al Danah, Khalifa Bin Zayed The First St. gegenüber von Egypt Air, Tel. 6313400, geöffnet: 7–2 Uhr. Ägyptisches Essen in sauberem Restaurant nahe der Corniche und der Airport Rd, auch in der Al Zahiyah zu finden.

🚩**22** [J1] **Al Arish Restaurant** €€€, Al Meena, Tel. 6732266, 6732288, www.aldhafra. net, Restaurant: 12–16, 19–23.30 Uhr, Al Mina Café: 16–23.30 Uhr. Nahe der

Gastro- und Nightlife-Areale

Bläulich hervorgehobene Bereiche in den Karten kennzeichnen Gebiete mit einem dichten Angebot an Restaurants, Bars, Klubs, Discos etc.

Speisevielfalt im The Souk at Qaryat Al Beri

Im nahe dem Festland gelegenen neoarabischen Souq **The Souk at Qaryat Al Beri** ⑲ kann man nicht nur shoppen, sondern auch schlemmen. Man findet hier **14 Gastronomiebetriebe** von innovativer bis klassischer Kost im modernen Ambiente. So bietet Addel Wahab z. B. libanesische Leckereien, Certo italienische Küche, Mombasa Grille südafrikanische Spezialitäten, Red Carpet Fisch und Meeresfrüchte, The Meat Co. Fleischspezialitäten, The Noodle House schnelle, asiatische Nudelgerichte und Ushna indische Delikatessen. Die Restaurants haben meist ein mittleres Preisniveau. Man kann gut **draußen speisen** und die Shaikh-Zayed-Moschee vor der Stadtkulisse betrachten – insbesondere abends ein herrlicher Anblick. Auch alkoholische Getränke werden ausgeschenkt. Entrecôte Café de Paris und Starbucks sind beliebte **Cafés** des Souqs.

Auch zur **Abendunterhaltung** bietet der Souq Möglichkeiten: Eight ist eine schicke Lounge mit moderner Fusion-Küche, Sho Cho ist ein innovatives japanisches Restaurant samt hipper Lounge und Left Bank eine In-Bar mit internationaler Kost.

Wem der Sinn einfach nach **Naschen** steht, der findet mehrere Geschäfte mit Schokospezialitäten und Pralinen, verführerisch sind auch die Dattelschleckereien von Bateel (s. S. 21). Zum gemütlichen Verspeisen der Leckereien bieten sich im Souq etliche Möglichkeiten.

Smoker's Guide

*In Abu Dhabi gilt ein **generelles Rauchverbot** in allen öffentlichen Räumen (also in Museen, Restaurants, Einkaufszentren, Freizeiteinrichtungen, Sportstätten, Schulen, Ämtern, Banken etc.), in allen öffentlichen Verkehrsmitteln und an deren Haltestellen sowie in allen Autos, in denen Kinder unter 12 Jahren mitfahren. Erlaubt ist Rauchen in ausgeschilderten Sonderzonen und Außenarealen (z. B. von Restaurants) sowie in Bars und Nachtklubs. Das Rauchen von Wasserpfeifen ist in dafür lizenzierten Restaurants, Bars und Klubs erlaubt, nicht jedoch in der Öffentlichkeit wie z. B in Parks oder am Strand. Während des Fastenmonats **Ramadan** darf nirgendwo in der Öffentlichkeit geraucht werden und in Zukunft soll das Zigarettenrauchen in der Öffentlichkeit generell untersagt werden, also auch draußen. Als erste Stufe gilt dies schon an Stränden. Tabakprodukte dürfen nicht an unter 18-Jährige verkauft werden.*

*Bei **Zuwiderhandlungen** drohen hohe Geldstrafen oder sogar Gefängnis. Auch wer seinen Zigarettenstummel auf die Straße statt in eine Mülltonne wirft, muss mit einer Geldbuße rechnen. In den folgenden Lokalen dürfen Raucher ihrer Passion frönen:*

> ***Cloud Nine,** Corniche, im Sheraton Abu Dhabi Hotel & Resort (s. S. 124), www.sheratonabudhabihotel.com, Tel. 6773333, geöffnet: 17–2 Uhr. Kleine Zigarrenbar mit exquisiter Auswahl, bequemen Ledersesseln und Klavierbegleitung.*

> ***Havana Club,** Al Ras al Akhdar, im Emirates Palace Hotel ❷, Tel. 6907999, www.kempinski.com, geöffnet: 18–2 Uhr. Diese kultivierte Bar bietet feinste Cognac-, Weinbrand- und Zigarrensorten.*

> ***Impressions** (s. S. 34). Luxuriöse Lounge mit großer Zigarrenauswahl.*

> ***La Cava** (s. S. 34). Weinkeller mit Zigarrenraum, Zigarrenbar und Humidor.*

> ***Smoke** (s. S. 28). Trendige Wasserpfeifen-Terrasse mit Feuerstellen und City-Blick.*

> ***The Beachcomber** (s. S. 34). Strandbar, in der Rauchen erlaubt ist, toll zum Shisha schmauchen.*

Fischmarkthalle am Dhau-Hafen in Al Meena gelegenes Restaurant in kitschgoldfarbenem Dekor, das arabisch-emiratische Büffets und Meeresfrüchte (Kilopreis) bietet. Mit separatem Kaffeehaus.

> **Al Fanar Restaurant & Café** €€€, Al Maqtaa, im venezianischen Dorf des Ritz-Carlton Hotels (s. S. 124), Tel. 4481144, www.alfanarrestaurant.com, geöffnet: 12–24 Uhr. Nostalgisch, fast schon wie ein kleines Museum eingerichtetes Restaurant mit emiratischen und arabischen Speisen.

> **Al Mayass** €€€€, im Sheraton Abu Dhabi Hotel & Resort (s. S. 124), Tel. 6773333, geöffnet: 12.30–1 Uhr. An der Privatlagune des Hotels gelegenes Boutiquerestaurant mit libanesischen und armenischen Speisen, auch Wasserpfeifen; schöne Außenterrasse.

> **Atayeb** €€€€, Yas, im Yas Viceroy Abu Dhabi (s. S. 125), Tel. 6560600, www.viceroyhotelsandresorts.com, geöffnet: 19–1 Uhr. Nach alten Rezepten gekochte Speisen aus dem Maghreb- und Mittelmeer-Raum in modernem

Ambiente, auch Wasserpfeifen und Außenterrasse.

🔊**23** [H3] **Automatic** €, Al Danah, Fatima Bint Mubarak neben der Al Mariah Mall, Tel. 6769677, www.automaticrestaurant.com, geöffnet: 8–3 Uhr. Preiswerte und gute arabisch-libanesische Speisen, auch Grillgerichte und Fisch, mit kleiner Bürgersteigterrasse.

🔊**24** [H3] **Awtar** €€, Al Zahiyah, Al Falah St. Ecke Shaikh Zayed Bin Sultan St., Tel. 6441551, geöffnet: 8–1 Uhr. Gut gekochte libanesische Speisen und frisch gebackenes Brot.

🔊**25** [bk] **Castello** €€, Al Meena, New Meena Market, Tel. 26733344, geöffnet: 11–1 Uhr. Arabische Kost, Fischgerichte und Wasserpfeifen, auch Coffeeshop mit Außenterrasse.

🔊**26** [G3] **Just Falafel** €, Al Danah, Hamdan bin Mohammed St. gegenüber dem Al Maha Arjaan by Rotana Hotel, Tel. 6262099, www.justfalafel.com, geöffnet: Sa.–Do. 8–24, Fr. 13–24 Uhr. Schnelle Mahlzeiten aus Kichererbsenbratlingen (Falafel), auch in der Delma Mall.

🖼 *Trockenfisch wird in der traditionellen emiratischen Küche verwendet*

🔊**27** [G2] **Marakesh** €€€€, Al Danah, Khalifa Bin Zayed The First St., im Millennium Hotel, Tel. 6146000, www.millenniumhotels.ae, geöffnet: 19–3 Uhr. Gute marrokanische und libanesische Speisen in einem Lokal mit Orientdekor, à la carte oder wechselnde Themen-/Menüabende, abendliche Livemusik und Bauchtanzshow.

🔊**28** [F2] **Marroush** €, Al Hosn, hinter dem Chamber of Commerce, Tel. 6214424, geöffnet: 8–2 Uhr. Preisgünstige, gute arabisch-libanesische Speisen und frische Fruchtsäfte. Filiale in Al Zahiyah, 19. Street hinter First Rent A Car.

❭ **Mawal** €€€€, Corniche, im Hilton Hotel (s. S. 124), www.hilton.de, Tel. 6811900, geöffnet: 12–15.30, 19.30–

Preiskategorien

Die Preiskategorien beziehen sich auf den Durchschnittspreis für eine Hauptspeise.

€	bis 55 Dh (bis ca. 11 €)
€€	55–95 Dh (ca. 9–22 €)
€€€	95–205 Dh (ca. 19–45 €)
€€€€	ab 205 Dh (ab ca. 43 €)

Abu Dhabi für Genießer

Preiswerte und schnelle Imbisse

Preiswerte Gelegenheiten zum Essen bieten sich in den Malls und großen Einkaufszentren (s. S. 19) in Fülle, beispielsweise in den **Food Courts.** Hier bieten eine Vielzahl an Schnellimbissen ihre Mahlzeiten an. Man kann sich aussuchen, was man möchte, und an den im Zentrum stehenden Tischen verspeisen oder mitnehmen.

In den meisten **Imbissen,** Schnellrestaurants oder Cafeterias bekommt man Burger, Pizza und Sandwiches. Standardbeläge für Sandwiches sind z. B. *chicken* (Huhn), *mutton* (Hammelfleisch) und *shrimps* (Krabben). Sandwiches kosten 3 bis 5 Dh, Burger 10 bis 15 Dh. Arabische Restaurants bieten oft **libanesische Kost,** typisch sind vielerlei Vorspeisen – die sich auch für den kleinen Hunger bestens eignen – und Grillgerichte. Am verbreitetsten ist das arabische *shawarma:* auf einem Drehspieß gegrilltes Lamm- oder Hühnchenfleisch, das mit Salat in eine typisch arabische Brottasche gerollt und als Sandwich gereicht wird. Vegetarier können *felafel* (Kichererbsenbratlinge) oder *foul* (Bohnenbreifüllung) wählen. *Saj* sind lecker belegte, frische Fladenbrote, beliebt ist *saj* mit *manakish* (Käseart), *zaatar* (thymianartiges Gewürz) oder *labneh* (Quark/Buttermilch). *Shawarma* kostet 5 bis 10 Dh, *saj* 15 bis 20 Dh.

Weit verbreitet sind **indische und pakistanische (Reis-)Gerichte.** Eine interessante indische Schnellmahlzeit ist *thali.* Neben Reis und Brot bekommt man verschie-
dene kleine Schälchen mit Currysoßen, die so lange aufgefüllt werden, bis man satt ist. Thali kostet meist 7 bis 15 Dh. Noch preiswerter (3–5 Dh) sind *marsala dhosa,* hauchdünne, knusprige Linsenmehl-Crêpes mit pikanter Füllung. Als Hauptmahlzeit bieten sich Curry-Reisgerichte in riesiger Vielfalt an, hier kann sich für 15 bis 25 Dh jeder nach Belieben durchprobieren. *Tikka,* gegrillte Fleischstücke, sind ebenfalls preiswert und an nahezu allen indischen Imbissen zu haben. Auch Vegetariern bietet die indische Küche allerlei Auswahl.

In einfachen Restaurants, Imbissen und Fastfood-Lokalen ist es nicht üblich, **Trinkgeld** zu geben.

Dinner auf einem Dhau

Allabendlich stechen hölzerne Dhau-Schiffe vom Kai nahe der Fischmarkthalle am Al-Meena-Dhau-Hafen in See. Den Fahrgästen werden arabische Grillfleisch- und Fischmenüs serviert – allerdings keine Alkoholika. Beim Essen schippert das Schiff an der Corniche entlang und bietet somit einen herrlichen Ausblick auf Abu Dhabis Skyline.

› **Abu Dhabi Dhow Cruise** €€€, Tel. 055 4842001, www.abudhabidhowcruise. com. Die Cruise dauert von 20 bis 22 Uhr und kostet 200 Dh (inkl. Transfer 300 Dh).

› **Al Dhafra** €€€, www.aldhafra.net, Tel. 6732266. Die Fahrt dauert von 20.30 bis 22.30 Uhr und kostet 180 Dh.

0.30 Uhr. Libanesisches Restaurant mit allabendlicher Bauchtanzshow.

› **Mezlai** €€€€, Al Ras al Akhdar, im Emirates Palace Hotel ❷, Tel. 6907999, geöffnet: 13–22.30 Uhr. Hier bietet sich eine der wenigen Gelegenheiten, emiratische Gerichte zu speisen, Außenterrasse mit herrlichem Blick auf das Hotel.

🕾**29** [cn] **Sadaf** €€, Al Nahyan, Sultan Bin Zayed The First St., schräg gegenüber dem Dusit Thani Hotel, Tel. 6414166, www.sadaffood.com, geöffnet: 12–24 Uhr. Traditionelle persische Speisen, Grillgerichte und Seafood.

🕾**30** [J3] **Sambusek/Smoke** €€€€, Sowwah Square, im Rosewood Abu Dhabi

Hotel, Tel. 8135552, www.rosewoodho-tels.com, geöffnet: 12–15, 19.30–0.30 Uhr. Modernes, schickes libanesisches Restaurant mit abendlicher Livemusik und einer gemütlichen Wasserpfeifen-Terrasse (Smoke) samt Feuerstellen und Ausblick auf das gegenüberliegende Al-Zahiyah-Ufer.

🛈**31** [F2] **Tarbouche al Basha** €€, Al Danah, WTC Souq, Tel. 6282220, geöffnet: 9–1 Uhr. Gutes arabisches Restaurant/Café mit fairen Preisen, frischen Fruchtsäften und Shishas auf Dachterrasse. WLAN.

Kulinarische Weltreise

Dass viele verschiedene Nationalitäten in Abu Dhabi ein – zumindest vorübergehendes – Zuhause gefunden haben, ist auch an der **Vielfalt der Speisen** ersichtlich.

🛒**32** [I3] **Bu Tafish** €€, Al Zahiyah, Hamdan St., gegenüber dem Al Salama Hospital, Tel. 6777780, geöffnet: 12–1 Uhr. Das beliebte Fischrestaurant ist eines der ältesten seiner Art der Stadt, lecker sind auch die Grillgerichte und arabischen Vorspeisen.

🛈**33** [F3] **Caravan** €, Zayed the First St., im Hamed Centre, Tel. 6393370, www.caravanrestaurantuae.com, geöffnet: Sa.–Do. 13–16, 19–24 Uhr. Büffets mit indischen, chinesischen, thailändischen, philippinischen, japanischen, europäischen und arabischen Speisen.

❯ **Chamas Churrascaria & Bar** €€€€, Al Bateen, im InterContinental Abu Dhabi (s. S. 124), Tel. 6666888, dining-intercontinental-ad.ae, geöffnet: Sa.–Do. 18–23, Fr. 12–16 Uhr. All you can eat auf Brasilianisch: Rodizio-Restaurant mit Grillfleisch vom Spieß, das am Tisch bis zum Abwinken serviert wird, auch Liveband.

❯ **Fanr** €€, Saadiyat, im Manarat Al Saadiyat (s. S. 37), www.fanrrestaurant.ae, Tel. 6575888, geöffnet: 10–23 Uhr. Internationale Kost zu fairen Preisen,

beliebter Lunchtreff, Kamel-Burger, Ganztagsfrühstück, familienfreundlich mit großer Außenterrasse am Garten. WLAN.

🛒**34** [I4] **Finz** €€€€, Al Zahiyah, im Beach Rotana Hotel, Tel. 6979011, www.rotana.com, geöffnet: 12.30–15.30, 19–23.30 Uhr. Aus Holz erbautes Fischrestaurant mit Meereskulisse, geboten werden Seafood und vegetarische Menüs in verschiedenen Zubereitungsarten (Wok, Tonofen, Kupferpfanne ...).

❯ **Fishmarket** €€€€, Al Bateen, InterContinental Abu Dhabi (s. S. 124), Tel. 6666888, www.dining-intercontinental-ad.ae, geöffnet: 12.30–16, 19–23 Uhr. In diesem Fischrestaurant kann man sich seinen Fisch aussuchen und nach Thai-Rezepten zubereiten lassen. Große Weinauswahl, mit Außenterrasse am Strand.

🛈**35** [F4] **Foodlands** €, Medinat Zayed, Shaikh Rashid bin Al Maktoum St., gegenüber dem Al Manhal Palace, Tel. 6330099, www.foodlands.com, geöffnet: 7–24 Uhr. Arabische, europäische, indische und chinesische Gerichte und Büffets, auch viele vegetarische Speisen.

🛈**36** [F3] **Gems** €€, Al Danah, im Cristal Hotel, www.cristalhospitality.com, Tel. 6520000, geöffnet: 6–23 Uhr. Internationale Frühstücks-, Mittags- und Abendbüffets und À-la-carte-Menüs zu fairen Preisen.

🛈**37** [G2] **Golden Fork** €, Al Danah, Khalifa Bin Zayed The First St. Ecke Sultan Bin Zayed The First, Tel. 6274308, www.goldenforkgroup.com, geöffnet: 10.30–24 Uhr. Gutes preiswertes Fastfood, auch vegetarische Gerichte, Grillgerichte und Fisch. Weitere Filiale Hamdan St. Ecke Fatima Bint Mubarak St.

🛈**38** [fo] **Marco Pierre White Steakhouse & Grill** €€€€, Bain Al Jessrain im Fairmont Bab Al Bahr Hotel, Tel. 6543238, www.fairmont.com, geöffnet: 18–24 Uhr. Innovative Grillspeisen, klassische englische Küche und große Weinauswahl in beeindruckendem Interieur.

Abu Dhabi für Genießer

🌱**39** [F3] **Ponderosa Steak House** €, Zayed the First St., im Hamed Centre, www.sterlingcaravan.com, Tel. 6393374, geöffnet: Sa.–Do. 12–24, Fr. 13–24 Uhr. Büffets mit Steaks, Pasta, Suppen, Salaten, Desserts.

🌱**40** [G5] **RESTO!** €€€, Al Wahda, im One to One Hotel – The Village, Tel. 4952000, www.onetoonehotels.com, geöffnet: rund um die Uhr. Internationale Speisekarte plus Frühstück-, Mittag- und Abendbüffets.

🌱**41** [B3] **Rhodes 44** €€€€, Corniche, Nation Towers, im St. Regis Hotel, Tel. 6944560, www.starwoodhotels. com, geöffnet: 7–23 Uhr. Edles Interieur und exquisite internationale Kost vom Sternekoch Gary Rhodes, auch Tische im Garten.

❯ **Rosewater** €€€€, Al Ras al Akhdar, im Jumeirah At Etihad Towers Hotel (s. S. 124), www.jumeirah.com, Tel. 8115666, geöffnet: 6.30–23 Uhr. Internationales Restaurant mit Büffets, Kochstationen, à la carte und Außenterrasse im 63. Stock.

❯ **Safina** €€€, Saadiyat, im Saadiyat Beach Club (s. S. 40), Tel. 6563500, www.saadiyatbeachclub.ae, geöffnet: Sa.–Do. 12–15, 18–22, Fr. 12–16, 18–23 Uhr. Mediterran speisen im Strandklub mit herrlicher Außenterrasse am Pool. Für jedermann zugänglich.

🌱**42** [F2] **Shakespeare and Co.** €€, Al Danah, WTC Souq, Tel. 6399626, www.shakespeareandco.ae, geöffnet: 7–24 Uhr. Im viktorianischen Stil kitschig und einmalig eingerichtetes Restaurant/ Café mit interessanter Kost, auch Wasserpfeifen und Außentische. Filiale auch in der Yas Mall ⑱.

🌱**43** [H3] **Tabaq** €, Al Danah, Seitenstraße der Hamdan bin Mohammed St. gegenüber von Sun and Sands Sports, Tel. 6787349, geöffnet: 8–24 Uhr. Indische, chinesische und europäische Speisevielfalt zu günstigen Preisen.

🌱**44** [G5] **The Village Club** €€€, Al Wahda, im One to One Hotel – The Village, Tel. 4952000, www.onetoonehotels.com, geöffnet: Mo.–So. 17–23. Baumbestandenes Gartenrestaurant mit wechselnden Themenabenden (z. B. Grillabend, Orientalische Nacht, Spanischer Abend), Liveunterhaltung und Büffet.

❯ **Tiara** €€€, Breakwater, Aussichtsturm der Marina Mall ❻, Tel. 6819090, www. marinamall.ae, geöffnet: 12–24 Uhr. Drehrestaurant im Turm der Marina Mall mit mediterraner Kost und 360°-Rundblick auf die Corniche (eine Runde dauert eine Stunde).

🍷**45** [I4] **Trader Vic's** €€€, Al Zahiyah, im Beach Rotana Hotel, Tel. 6979011, www.rotana.com, geöffnet: 19–23.30 Uhr. Französisch-polynesisches Restaurant mit Bar. Tropische Speisen und Cocktails, auch vegetarisches Menü.

Cafés

In Abu Dhabi finden sich sowohl arabische Kaffeehäuser als auch internationale Ketten. Auch die meisten großen **Hotels, Malls** und **Einkaufszentren** verfügen über Cafés – in Letztgenannten gibt es auch Konditoreien oder Eisdielen.

❯ **Al Asalah Coffee Shop and Restaurant,** im Heritage Village ❼ auf der Wellenbrecherhalbinsel, 12–24 Uhr, Tel.

6812188. Mittagsbüffets, Sandwiches, Hamburger, Snacks und frische Fruchtsäfte, mit Blick auf die Stadt.

46 [H3] **Al Saj Café,** Al Danah, Fatima Bint Mubarak St., im Al Yasat Tower, Tel. 6766568, geöffnet: 8–24 Uhr. Gemütliches arabisches Speisecafé mit preisgünstigen libanesischen Saj-Fladenbrot-Gerichten.

47 [G2] **Baguette,** Corniche, Lake Park, Tel. 6273100, geöffnet: 8–2 Uhr. Gartencafé an der Uferpromenade im Lake Park mit arabischen und internationalen Speisen und Wasserpfeifen.

48 [E3] **Café Firenze,** Al Hosn, Al Nasr St. gegnüber dem All Prints Book Shop, www.cafefirenzeuae.com, Tel. 6660955, geöffnet: 7–24 Uhr. Beliebtes klassisches Café mit großer Speisenauswahl und kleiner Außenterrasse.

❯ **Colombiano Coffee House,** Breakwater, Aussichtsturm der Marina Mall **6**, www.colombianocoffeehouse.com, Tel. 6819009, geöffnet: 9–24 Uhr. Panoramacafé in 124 m Höhe, bietet neben der Aussicht auf Abu Dhabis Corniche, Breakwater, Emirates Palace und die Insel Lulu Kaffeespezialitäten, Salate, Sandwiches, Säfte, Süßspeisen. Weitere Filialen in der Marina Mall, an der Corniche Ecke Shaikh Rashid bin Saeed al Maktoum St. im Urban Park und im WTC Souq.

49 [G2] **Layali Zaman,** Corniche, Lake Park, Tel. 6277745, geöffnet: 8–2 Uhr. Beliebtes arabisches Gartencafé an der Uferpromenade im Lake Park mit libanesischen Speisen und Wasserpfeifen. WLAN.

50 [B2] **Le Boulanger Marina Café,** Breakwater-Verbindungsstraße, Tel. 6818194, geöffnet: 8–1 Uhr. Speisecafé auf der der Stadt zugewandten Seite der Verbindungsstraße zur Wellenbrecherhalbinsel, Außenterrasse mit tollem Stadtblick, Wasserpfeifen sowie kostengünstige arabische und internationale Speisen.

51 [jn] **Organic Foods and Café,** Masdar City, am Masdar Institute, Tel. 5571406, www.organicfoodsandcafe.com, geöffnet: Sa.–Do. 9.30–19 Uhr. Restaurant-Café mit Bioprodukten, preiswertem Mittagsbüffet und angeschlossenem Laden. WLAN.

52 [cm] **Shabby Chic Café,** Al Mamoura, Al Nahyan Camp im Golden Tower, www.shabbychic-uae.com, Tel. 6439497, geöffnet: So.–Do. 8–22, Fr./Sa.10–22 Uhr. Gemütliches Café im Vintage-Stil mit großer Auswahl hausgemachter Speisen, WLAN.

⌂ Das Le Boulanger Marina Café bietet eine erstklassige Sicht auf die Stadt

EXTRAINFO

Essen mit Aussicht
> Al Asalah (s. S. 30). Blick auf die
  Skyline der Stadt.
> Colombiano Coffee House
  (s. S. 31). Südamerikanisches
  Café im Aussichtsturm der Marina
  Mall.
> Observation Deck at 300
  (s. S. 64). Stilvolles Aussichtscafé in 300 Meter Höhe.
> Le Boulanger Marina Café
  (s. S. 31). Auf der Zufahrt
  zur Wellenbrecherhalbinsel mit
  Meerblick.
> Tiara (s. S. 30). Drehrestaurant
  im Aussichtsturm der Marina Mall.
> Stratos (s. S. 34). Drehrestaurant
  mit Grillspeisen, Lounge und Bar.

Lecker vegetarisch
> Golden Fork (s. S. 29). Schnell
  und preiswert.
> Foodlands (s. S. 29). Vielfältige
  Auswahl.
> Just Falafel (s. S. 27).
  Kichererbsen-Variationen.

Dinner for one
> Brauhaus (s. S. 33). Hier gibt es
  deutsche Gäste zum Zuprosten.
> Café Arabia (s. S. 38). Familiär,
  interkultureller Treffpunkt.
> The Village Club (s. S. 30).
  Gartenabende mit wechselnden
  Themen.

Für den späten Hunger
> Abu Shakra (s. S. 25). Ägypti-
  sche Küche bis nach Mitternacht.
> Marroush (s. S. 27). Bis nach
  Mitternacht leckere libanesische
  Gerichte in Corniche-Nähe.
> RESTO! (s. S. 30). Rund
  um die Uhr internationales
  À-la-carte-Essen.

Abu Dhabi am Abend

Die Straßen sind bis 22 oder 23 Uhr belebt, denn bis zu dieser Zeit haben die meisten Geschäfte, Souqs, Ein-kaufszentren und auch Parks geöff-net und kaum ein Restaurant oder Imbiss schließt vor Mitternacht. Der größte Betrieb herrscht in den frühen Abendstunden, wenn die Hitze nach-lässt und sowohl Emirater als auch „Gastarbeiter" ihren liebsten Freizeit-beschäftigungen nachgehen: dem Bummeln und Schaufenstergucken. Nachtschwärmer können sich in Bars, Pubs oder Lounges treffen oder sich in einem der Klubs „austoben".

Bars, Pubs, Lounges, Klubs

In den letzten Jahren hat sich eine wachsende **Klubszene** gebildet. Tanzflächen, ausgelassene Stim-mung und gute Musik – entweder aus der Konserve, vom DJ oder von einer Liveband – bieten auch viele **Bars und Kneipen**. An so manchem Abend wird ein Partyprogramm an-geboten, dass aber meist erst ab 21 Uhr so richtig losgeht. Wer es ruhiger mag, wird **Lounges** oder **Cocktailbars** bevorzugen. In vielen Bars und Klubs kann man auch **gut speisen** – viele fungieren auch als Restaurant.

○**53** [I3] **49er's The Gold Rush**, Al Zahi-yah, im Al Diar Dana Hotel (s. S. 122), Tel. 6456000, geöffnet: 12–3 Uhr. Wildwestkneipe mit DJ- und Livemusik, beliebt zum Tanzen, außerdem amerika-nische Steak- und Grillküche.
> **Belgian Café**, Al Bateen, InterContinental Abu Dhabi (s. S. 124), Tel. 6666888, geöffnet: 16–1 Uhr. Kein Café, sondern eine bei westlichen Residenten beliebte Kneipe mit 18 Sorten belgischem Bier und belgischen Leckereien wie Pommes frites, Muscheln und Waffeln.

❯ **B-Lounge,** Corniche, im Sheraton Abu Dhabi Hotel & Resort (s. S. 124), Tel. 6773333, www.b-loungeabudhabi.com, geöffnet: 18–24 Uhr. Gemütliche und bunt illuminierte Bar unter Palmen im Resortgarten, Lagerfeuer, Chill-out-DJ-Klänge und gelegentliche Events.

❸**54** [I4] **Brauhaus,** Al Zahiyah, im Beach Rotana Hotel, Tel. 6979011, www. rotana.com, geöffnet: So.–Mi. 16–1, Do.–Sa. 12–1 Uhr. Deutsche Speisekneipe mit rustikaler Einrichtung, Brauhauskost, Schunkelatmosphäre und Außenterrasse mit Meerblick.

❯ **Burlesque Restaurant & Lounge,** Yas, im Yas Viceroy Abu Dhabi Hotel (s. S. 125), Tel. 056 4987580, www.burlesqueuae. com, geöffnet: Sa.–Mi. 19–1, Do./Fr. 19–4 Uhr. Restaurant, Lounge, Bar mit Unterhaltungsprogramm (Tanz, Theater, Musik, DJ); markante Inneneinrichtung aus Samt und Plüsch. Große Außenterrasse am Jachthafen.

❯ **Cabana9,** Saadiyat, im Saadiyat Beach Club (s. S. 40), Tel. 6563500, geöffnet: 10–22 Uhr. Stilvolle Terrassen- und Poolbar mit Meerblick, DJs und Events.

❶**55** [do] **Club SO-HI by Relax@12,** Al Safarat, im Aloft Abu Dhabi (s. S. 122), Tel. 6545000, www.relaxat12.com, geöffnet: 17–2 Uhr. Beliebter, schicker Klub mit Dachterrassen zum Chillen oder Feiern.

❯ **Da La Costa,** Saadiyat, im Saadiyat Beach Club (s. S. 40), Tel. 6563500, geöffnet: 16–24 Uhr. Terrassenlounge mit herrlichem Meerblick.

❯ **Etoiles,** Al Ras al Akhdar, im Emirates Palace Hotel ❷, Tel. 6908960, www. etoilesuae.com, geöffnet: Mo.–Do. 23–4 Uhr. Eleganter und exklusiver Nachtklub mit entsprechendem Publikum, opulentes Dekor, internationale

▷ *Raffinierte Cocktails und schickes Ambiente in der Ray's Bar (s. S. 34)*

Die Lizenz zum Ausschenken

Da der Koran Muslimen den Genuss von **Alkohol** verbietet, wird dieser in Abu Dhabi „nur" in dazu **lizenzierten Bars, Nachtklubs** und **Restaurants** ausgeschenkt – doch davon gibt es genug, denn nahezu alle Hotellokale besitzen eine Schanklizenz. Ebenso die Gastronomiebetriebe in Golfklubs, Jachtklubs sowie im The Souk at Qaryat Al Beri ⓳.

Die Preise für alkoholische Getränke sind relativ hoch, so kostet ein Bier (meist Flaschenbier der Marken Amstel, Heinecken, Carlsberg, Foster's, Budweiser) ab 16 Dh, Champagner ab 150 Dh, Wein ab 120 Dh, Whisky ab 25 Dh, Cocktails ab 20 Dh. Billiger wird es zur Happy Hour.

Alkoholische Getränke dürfen nur dort getrunken werden, wo sie auch verkauft werden – und natürlich in Privatwohnungen. **Öffentlicher Alkoholgenuss ist verboten** und wer Bier trinkend durch die Straßen spaziert, kann dafür bestraft werden. Speist man zusammen mit Arabern, so sollte man stets bedenken, dass gläubige Muslime keinen Alkohol trinken.

015ad Abb.: ju

Abu Dhabi am Abend

Al-Maya-Strand- und -Poolpartys

Im **Al Maya Island Resort** (s. S. 123) werden freitagnachmittags- und abends wechselnde Strand- und Poolpartys organisiert. Nur Paare und gemischte Gruppen werden eingelassen, der Eintritt beträgt 100 Dh inklusive Bootstransfer. Zur Übernachtung stehen Zimmer in Chalet-Villen bereit.

DJs, wechselnde Bands und Partyabende. Mit angegliedertem Gourmetrestaurant (geöffnet 19–23.30 Uhr).

〉 **Hemmingway's,** Corniche, im Hilton Hotel (s. S. 124), Tel. 6811900, geöffnet: 12–24 Uhr. Südamerikanisch angehauchte Speisekneipe, Livemusik, Unterhaltungsabende, Sportübertragungen.

〉 **Impressions,** Al Zahra, im Eastern Mangroves Hotel & Spa by Anantara (s. S. 123), Tel. 6561000, geöffnet: 19–1 Uhr. Luxuriöse Dachetagen-Cocktailbar mit Blick auf die Al-Qurm-Mangroven, aufwendig illuminiertes Dekor, große Auswahl an Weinen, Käse und Zigarren.

🕐**56** [J3] **La Cava,** Al Maryah, Sowwah Square im Rosewood Abu Dhabi Hotel, Tel. 8135552, www.rosewoodhotels.com, geöffnet: 16–24 Uhr. Exklusiver Weinkeller mit rund 1500 Premiumsorten, auch seltene Weine und erlesene Whisky-Sorten, Zigarrenraum mit Zigarrenbar.

🕐**57** [hn] **McGettigan's,** Al Raha, Al Raha Beach Hotel, Tel. 6524333, www.auh.mcgettigans.com, geöffnet: 12–3 Uhr. Irische Kneipe mit Kultstatus.

🕐**58** [H2] **PJ O'Reilly's,** Al Danah, im Le Royal Meridien Hotel, Tel. 800 101101, www.pjspubabudhabi.com, geöffnet: 12–2 Uhr. Irische Kneipe mit Livebands, Guinness und fröhlicher Stimmung, mit Außenterrasse.

〉 **Ray's Bar,** Al Ras al Akhdar, im Jumeirah At Etihad Towers Hotel (s. S. 124), Tel.

8115666, geöffnet: 17–3 Uhr. Innovative Cocktails, asiatische Tapas, schickes Dekor und toller Rundblick aus dem 62. Stock, insbesondere bei Sonnenuntergang. Reservierung nötig.

🕐**59** [I2] **Rock Bottom,** Al Zahiyah, im Al Diar Capital Hotel, Tel. 6787700, www.aldiarhotels.com, geöffnet: 12–3.30 Uhr. Beliebte Musikkneipe, die vornehmlich Rock und Indie bietet, Livebands, wechselnde Events, mit Tanzfläche.

〉 **Skylite,** Yas, im Yas Viceroy Abu Dhabi (s. S. 125), Tel. 6560600, geöffnet 18–1 Uhr. Beliebte cool-stylische Lounge unter dem beeindruckenden, bunt beleuchteten Hotelglasdach mit Ausblick auf den Jachthafen und die Formel-1-Rennbahn. Während der heißen Sommermonate geschlossen.

🕐**60** [H2] **Stratos,** Al Danah, Le Royal Meridien Hotel, www.stratosabudhabi.com, Tel. 26950490, geöffnet: Mo.–Sa. 15–2 Uhr. Nachmittagstee, Sundowner oder Cocktail mit Rundblick: schwarz-weiß-goldfarben ausgestattete Lounge-Bar samt Grillrestaurant im Drehturm.

〉 **The Beachcomber,** Corniche, Sheraton Abu Dhabi Hotel & Resort (s. S. 124), Tel. 6773333, geöffnet: 16–1 Uhr. An der hoteleigenen Lagune gelegene Tapas-Strandbar mit Tropenflair, Shishas mit großer Tabakauswahl, während der Sommermonate geschlossen.

〉 **The Jazz Bar & Dining,** Corniche, im Hilton Hotel (s. S. 124), Tel. 6811900, geöffnet: So.–Fr. 19–0.30, Sa. 12–24 Uhr. Gediegene Jazzbar mit Livemusik.

〉 **Wakatua Terrace,** Al Zahiyah, im Le Meridien Abu Dhabi (s. S. 124), Tel. 6446666, geöffnet: So.–Mi. 17–0.30, Do./Fr. 13–1 Uhr. Idyllische Outdoor-Lounge am Strand.

〉 **Zenith,** Corniche, Sheraton Abu Dhabi Hotel & Resort (s. S. 124), Tel. 6970224, geöffnet: Di.–Sa. 21–3 Uhr. Beliebter Tanz-Nachtklub mit wechselnden Partyabenden, Sa. Arabische Nacht.

Konzerte, Theater

Statt in Bars oder Klubs kann man seinen Abend auch „kultiviert" verbringen. **Konzerte** und **Theateraufführungen** (Termine s. S. 42) finden unregelmäßig statt – viele Veranstaltungen sind englischsprachig.

↻ **61** [cn] **Abu Dhabi National Theatre,** Al Nahyan, 17th St. Ecke Shaikh Rashid bin Saeed al Maktoum St., Tel. 6215300, www.mcycd.gov.ae. Nationaltheater mit Saal für 2500 Zuschauer, weiteren Veranstaltungsräumen und Kulturzentrum.

In der **du Arena** und im **du Forum** auf der Insel Yas finden Konzerte weltbekannter Bands und Stars statt (www.yasisland.ae, www.thinkflash.ae), seltener auch in den **Messehallen des Abu Dhabi National Exhibition Centre** (ADNEC, www.adnec.ae).

🎵 **62** [im] **du Arena,** Open-Air-Tribüne
🎵 **63** [in] **du Forum,** Konzerthalle
🎵 **64** [do] **ADNEC,** Messehallen

Im **Emirates Palace Hotel ❷** finden verschiedene Veranstaltungen statt – darunter auch international hochkarätige Rockkonzerte, Opernaufführungen und englischsprachige Theaterdarbietungen. Die **Abu Dhabi Music & Arts Foundation** veranstaltet Konzerte und Aufführungen an wechselnden Spielstätten (www.admaf.org).

Im März/April bietet das **Abu Dhabi Festival** etliche interessante Veranstaltungen rund um Tanz, Musik, Theater, Film, Literatur und Kunst (www.abudhabifestival.ae).

Die Szene für klassische Musik steckt noch in den Kinderschuhen. Das **UAE National Symphony Orchestra** spielt an wechselnden Orten (www.nsouae.org).

Gelegentlich finden Comedy- und Kleinkunstaufführungen von **The Laughter Factory** statt (Infos dazu unter www.thelaughterfactory.com).

Öffentliche Aufführungen von **traditionell emiratischer Dichtung**, **Musik und Tanz** kann man vornehmlich an religiösen und nationalen Feiertagen – insbesondere am Nationalfeiertag (s. S. 44) – sehen.

Das **Performing Arts Centre**, ein riesiges, multifunktionales und architektonisch auffälliges Kulturzentrum auf der Insel Saadiyat (s. S. 74), soll in Zukunft Spielstätte für wechselnde Musik-, Tanz- und Theateraufführungen sein. Es ist allerdings noch in der Entstehung.

Abu Dhabi für Kunst- und Museumsfreunde

Abu Dhabi möchte mit prestigeträchtigen Kulturprojekten nicht nur auf sich aufmerksam machen, sondern auch weltweit anerkannt werden. Und so entsteht auf der benachbarten und noch vor wenigen Jahren öden Insel Saadiyat (s. S. 74) der Saadiyat Cultural District.

Museen

Der **Saadiyat Cultural District** soll nicht nur inhaltlich einmalig sein, sondern auch mit seiner futuristischen Architektur auffallen. Zweigstellen der berühmten Museen **Louvre** (voraussichtliche Eröffnung 12/2015)

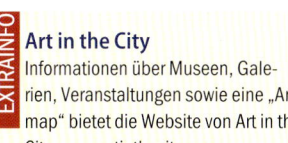

EXTRAINFO **Art in the City**
Informationen über Museen, Galerien, Veranstaltungen sowie eine „Artmap" bietet die Website von Art in the City: www.artinthecity.com.

Abu Dhabi für Kunst- und Museumsfreunde

Museen, die mit einer magentafarbenen Nummer (**1**) als Hauptsehenswürdigkeit ausgewiesen sind, werden im Kapitel „Abu Dhabi entdecken" ausführlich beschrieben. Dort finden sich auch alle praktischen Informationen wie Adresse, Öffnungszeiten usw.

Musik und Kunst in Abu Dhabi

Die **Abu Dhabi Music & Arts Foundation** informiert unter www.admaf.org über Musik- und Kunstprojekte in der Stadt. **Abu Dhabi Art** ist eine alljährlich im November stattfindende Kunstmesse (s. S. 42). Der **UAE Pavilion** ist ein architektonisch auffällig in Form von wogenden Sanddünen gestaltetes Kunstausstellungs- und Veranstaltungszentrum (www.saadiyat.ae).

und **Guggenheim** (2017) sowie weitere spektakuläre Museen wie das **Shaikh Zayed National Museum** (2016) und ein **Maritime Museum** sowie weitere Kultureinrichtungen sollen hier entstehen und Besucher aus aller Welt anlocken. Das Kunstzentrum **Manarat Al Saadiyat** (s. S. 37) ist bereits eröffnet.

> Infos: www.saadiyat.ae, www.saadiyatculturaldistrict.ae. Die Dauerausstellung **The Saadiyat Story** (s. S. 76) informiert über die Projekte auf Saadiyat und zeigt wechselnde Ausstellungen.

Das derzeitige Museumsangebot in Abu Dhabi ist dagegen eher bescheiden. Bei Touristen obligatorisch ist der Besuch des **Heritage Village 1**, das sich mit der Geschichte Abu Dhabis in der Zeit vor dem Ölboom beschäftigt. Der Vergnügungspark **Ferrari World 16** bietet eine Rennsport-Ausstellung. Das **Shaikh Zayed Centre 5** zeigt eine Ausstellung zur Herrscher- und Landesgeschichte. Das **Miraj Islamic Centre** (s. S. 66) stellt herrliche Kunst- und Handwerksgegenstände aus allen Teilen der islamischen Welt aus. Im Stadtzentrum soll zudem das historische **Al Hosn Fort 10** zu einem Museum eingerichtet werden (Infos: www.visitabudhabi.ae). In Al Ain gibt es weitere Museen (s. S. 82).

Kunstgalerien

Kunstgeschichte im **Zeitraffer**: Bis zu Beginn dieses Millenniums existierte Kunst in Abu Dhabi eher auf dem Niveau von Kunsthandwerk und Hobby-

016ad Abb.: kk

◁ *Das Heritage Village* **1** *gibt Einblick in alte Zeiten*

malerei. Zeitgenössische Kunst war quasi „Terra incognita". Doch allmählich erwacht eine bescheidene, aber überaus vielfältige **Kunstszene** und da zahlreiche Einwohner Abu Dhabis aus dem Ausland stammen, zeigt sie sich auffallend kosmopolitisch. Dabei steht aber der Vorwurf im Raum, Abu Dhabi würde – wie so vieles – auch Kunst nur ankaufen, beispielhaft dafür gelten die beiden Museen Louvre und Guggenheim. Das mag mitunter stimmen, doch **Kunstverständnis** ist nicht käuflich – und das hält allmählich Einzug. Für eine einstmals nahezu „kunstleere" Stadt, die quasi über Nacht zu einer Metropole explodiert ist, gleicht das Entdecken und Bewahren einer eigenen Kunstidentität einem schwierigen, aber auch interessanten Pionierprozess.

❯ Infos zu **Ausstellungsterminen** s. S. 42

s. S. 42

🏛65 **Abu Dhabi Art Hub,** Mussafah Industrial Area, Tel. 5515005, www.adah.ae. Die Plattform dient dem Erleben, Kreieren und Ausstellen von Kunst und bringt Künstler und Kunstinteressierte zusammen. Wechselnde Aktionen und Ausstellungen, auch Workshops, Café.

🏛66 [C4] **Etihad Modern Art Gallery,** Al Bateen, im Häuserblock zwischen der Al Falah St. und der Al Bateen St., Tel. 26210145, www.etihadmodernart.com, geöffnet: Sa.–Do. 10–22 Uhr. Multifunktionaler Kunstraum mit Ausstellungen und Veranstaltungen von etablierten emiratischen und internationalen Künstlern und Newcomern. Angegliedert ist das Arthouse Café, geöffnet So.–Do. 10–22.30, Fr. 13–22.30 Uhr.

❯ **Abu Dhabi Art Squad** ist eine der ältesten Künstlergemeinschaften mit 15 Mitgliedern aus verschiedenen Ländern, wechselnde Einzel- und Gruppenausstellungen, www.theartsquad.com.

🏛67 [dk] **Manarat Al Saadiyat,** Saadiyat, Tel. 6575800, www.saadiyat.ae, geöff-

net: 10–20 Uhr, Eintritt frei. Dieser „Erleuchtete Ort Saadiyats" soll Kunst ins rechte Licht rücken. Das Kunst- und Kulturzentrum befindet sich im Culture District der Insel Saadiyat, der sich ansonsten noch im Aufbau befindet. In den Galerieräumen finden wechselnde Kunstausstellungen und -veranstaltungen sowie Workshops statt. Zudem kann man die Dauerausstellung The Saadiyat Story, eine interaktive Ausstellung zur Vergangenheit und zur visionären Zukunft der Insel, besuchen. Manarat Al Saadiyat beherbergt auch einen Theatersaal und das Restaurant Fanr (s. S. 29), das arabische und internationale Kost serviert. Im Artyfact Store kann man Produkte und Bücher zum Thema Kunst bzw. speziell zu den Ausstellungen kaufen.

Abu Dhabi zum Träumen und Entspannen

Etwas Ruhe gefällig in all dem Stadttrubel – jenseits des eigenen Hotelzimmers? Auch eine quirlige Stadt wie Abu Dhabi hat ruhige Seiten.

Parks

Zahlreiche Grünflächen und Parks verleihen Abu Dhabi den Beinamen „**Gartenstadt am Golf**". Alle Parks sind gut gepflegt, manche sind von einem Zaun umgeben, andere offen zugänglich. In den eingezäunten Parks zahlt man 1 Dh Eintritt, Kinder unter 10 Jahren haben freien Eintritt.

Entlang der ca. sechs Kilometer langen Uferstraße der Stadt, der **Corniche** ❶, reihen sich von Spazierwegen durchzogene Parks und Grünanlagen aneinander, unterbrochen von Straßen, Parkplätzen oder Hochhäu-

Abu Dhabi zum Träumen und Entspannen

sern. Zwischendurch bieten Cafés ihre Dienste an und schattige Bänke eignen sich zur Rast. Entlang dieser Uferlinie wurde künstlich Land gewonnen, das mit Parkflächen versehen, mit Palmen bepflanzt, mit Seen verschönert und mit Spiel- und Sportplätzen bestückt wurde. Dieses grüne Band schmiegt sich an die Skyline der Stadt und wird in puncto Erholungswert nur noch vom Corniche Public Beach (s. S. 40) getoppt. Vom Hafen reihen sich in Richtung Breakwater im Landesinneren folgende grüne Areale aneinander: Heritage Park, Formal Park, Lake Park, Urban Park, Family Park, Al Markaziyah Garden und Al Khuraibah Park. Der seeseitige und mit Granitwegen gepflasterte Flanierstreifen heißt Corniche Beach Park, er bietet auch einen Radweg (s. S. 111).

● **68** [G2] **Capital Garden,** Al Danah, Khalifa Bin Zayed The First St. Ecke Sultan Bin Zayed The First St., geöffnet: 8–22 Uhr, Eintritt: 1 Dh. Garten-Ruheinsel inmitten des Geschäftszentrums, diverse Spielplätze, kleiner See und Cafeteria.

● **69** [eo] **Khalifa Park,** Al Matar, Shaikh Zayed Bin Sultan St., nahe den Brücken Maqtaa und Shaik Zayed, geöffnet: 8–22 Uhr, Eintritt: 1 Dh. Mit 38 Hektar der größte Park der Insel mit vielen Brunnen, Kanälen, See, Picknick- und Grillplätzen und verschiedenen Kinderspielmöglichkeiten, Wasserspielplatz und Bimmelbahn. Das Gartendesign ist arabisch inspiriert. Im Nordosten des Parks (beim Falcon Entrance) befindet sich der der Wasserpark **Al Murjan Splash Park** (s. S. 109), der Kindern zwischen 3 und 12 Jahren verschiedene Attraktionen bietet.

● **70** [I3] **Al Zahiyah Park,** Al Zahiyah, zwischen Hamdan St. und Shaikh Zayed First St., geöffnet: 8–22 Uhr, Eintritt: 1 Dh. Kleines Ruheareal hinter der

Café Arabia

Ein besonderer Ort findet sich im Stadtteil Al Mushrif: Eine **komplette Villa** wurde renoviert und als Café eingerichtet. Hier mischen sich arabische mit modernen Möbeln und bunte Laternen und schwarzweiße Porträtfotos dekorieren die Räume. Bilder und Keramiken einheimischer Künstler und Ledertaschen, Webteppiche sowie weitere Handarbeiten füllen die Villa – vieles kann gekauft werden. Sofas und Sessel laden zum Verweilen und Bücher zum Stöbern ein. Einmalig ist die **Dachterrasse,** auf deren bunten Sofas es sich Gäste in den kühleren Abendstunden gemütlich machen können. Das Sortiment an Fruchtsäften, Kaffee und Tee ist sowohl arabisch als auch westlich geprägt. Und auch die Speisen sind eine Melange aus arabischer Hausfrauenkost und internationalen Klassikern – nicht zu vergessen sind auch die hausgemachten Kuchen und Desserts. Frühstücken (arabisch oder europäisch) kann man zu jeder Tageszeit, beliebt ist das Brunchbüfett jeden Freitag (10.30–15.30 Uhr, 75 Dh). Die Preise sind fair. Das Café ist auch ein Treffpunkt für Ausstellungen, Konzerte, Lesungen und Diskussionsrunden in kleinem Kreis.

↻ **71** [cn] **Café Arabia,** Al Mushrif, Mohammed bin Khalifa St. gegenüber der International School of Choueifat, Tel. 6439699, geöffnet: 8–22 Uhr. WLAN.

▷ *An öffentlichen Stränden - hier auf Saadiyat - wachen Rettungsschwimmer über das Wohl der Gäste*

Hazza-bin-Zayed-Moschee im Innen-
stadtteil Al Zahiyah.

❯ Infos zu diesen und weiteren Parks:
www.adm.gov.ae

●**72** [jm] **Yas Gateway Park,** Yas, nahe der
Yas Mall, geöffnet: tgl. 8–22 Uhr, Ein-
tritt: frei. Der Park bietet viel Platz, zudem
Grillplätze, schattige Kinderspielplätze,
Tennisplätze.

Strände

Abu-Dhabi-Stadt liegt auf einer **Insel**,
die von weiteren kleineren Inseln umgeben ist, doch noch finden sich verhältnismäßig wenige Badestrände.
Private Villen, Herrscherpaläste und
Baustellen dominieren die Uferberei-
che in Abu-Dhabi-Stadt. Die umlie-
genden Inseln bieten – neben Mangroven – durchaus Sandstrände, aber
es fehlt an Schatten.

Hotelresorts bieten private Badestrände. Auch wer dort kein Zimmer
gemietet hat, kann als Tagesgast gegen eine Gebühr (ab ca. 150 Dh) deren Strand und Pool nutzen. Unum-
stritten der herrlichste und größte
Strand ist der des Emirates Palace
Hotel ❷, der entlegenste gehört zum

Al Maya Island Resort (s. S. 123).
Neue Badestrände – neben Wohnge-
bietsstränden auch öffentliche und
Hotelstrände – entstehen in Al Raha
(s. S. 57) und auf den Inseln Saadiyat (s. S. 74) und Yas (s. S. 76).
An den im Folgenden vorgestellten
öffentlichen Stränden Al Bateen Public Beach, Saadiyat Public Beach und
Corniche Public Beach bietet BAKE
(www.bakeuae.com) abgetrennte Areale, in denen man sich gegen Gebühr
einen **komfortablen Badeaufenthalt**
samt Sonnenliegen, Sonnenschir-
men oder Cabanas, Handtüchern, Duschen, Umkleideräumen, Sportange-
bot und Coffee Shop gestalten kann.

●**73** [co] **Al Bateen Public Beach.** Im Stadtteil Al Bateen südöstlich der Huddari-
yat-Brücke gelegener, ca. 800 m langer öffentlicher Badestrand. Bietet bei
freiem Eintritt Umkleidekabinen, Toiletten, Duschen, Rettungsschwimmer,
Fußball- und Volleyballfelder, Spielplatz,
Kioske sowie Wassersportgeräte-, Liege-
stuhl- und Cabanavermietung.

●**74** [hn] **Al Raha Beach,** Al Raha. Auf dem
Festland gelegenes, ca. 11 km langes
Küsten-Wohngebiet – größtenteils im
Bau – mit diversen kleineren Strand-

Abu Dhabi zum Träumen und Entspannen

Corniche Public Beach

Im Südwesten der Corniche ❶, zwischen dem großen Strandparkplatz östlich der markanten Nation Towers und der Mubarak bin Mohammed St., befindet sich, dem Stadtteil Al Khalidiya vorgelagert, dieser öffentliche Badestrand. Stranderweiterungen sollen folgen. Es gibt Liegestühle und Sonnenschirme (25 Dh Tagesmiete), Schattenhäuschen, Cafeterias, Eisdielen, Imbisse, Restaurants, Wasser- und Strandsportmöglichkeiten, Kinderspielplätze, Umkleidekabinen, Duschen und Toiletten. Rettungsschwimmer sorgen für Sicherheit und schwimmende Barrieren verhindern, dass man zu weit hinausschwimmt. Vom großen Parkplatz östlich der Nation Towers fahren kostenlose Shuttlebusse zum Strand. Es gibt verschiedene Eingänge, denn der Strand ist in **verschiedene Bereiche** eingeteilt:

❯ **A)** Einen Bereich für Familien und Frauen zwischen Gate 3 auf Höhe der Al Khaleej al Arabi St. und Gate 2 auf Höhe der Al Bateen St., Eintritt 10 Dh (Kinder 5 Dh)

❯ **B)** Zwei Bereiche, die für alle öffentlich zugänglich sind und keinen Eintritt kosten: um Gate 3 auf Höhe der Al Khaleej al Arabi St. sowie zwischen Gate 1 und dem Hiltonia Beach Club

❯ **C)** Ein weiteres für alle zugängliches Areal ist der nordöstliche Strandbereich zwischen Gate 6 auf Höhe der Mubarak bin Mohammed St. und Gate 4 auf Höhe von ADNOC, Eintritt 10 Dh (Kinder 5 Dh)

Im Bereich A, dem Familien- und Frauenstrand, finden Männer, die ohne Frau oder Kind den Strand besuchen, keinen Einlass. Einheimischen Frauen wird so die Möglichkeit eröffnet, den Familienbereich zu besuchen, ohne sich den eventuellen Avancen fremder Männer auszusetzen. Entsprechend dürfen sich *single men* auf dem Fußweg außerhalb des Familienbereichs auch nicht auf Bänke setzen, denn immer wieder gab es Beschwerden einheimischer Frauen, die sich beobachtet bis belästigt fühlten.

Alle Bereiche sind von Sonnenaufgang bis Mitternacht geöffnet, jedoch ist das Schwimmen nur bei Tageslicht erlaubt.

●**77** [C2] **Corniche Public Beach**

stücken, die zu einzelnen Wohnvierteln gehören (z. B. Al Muneera), außerdem hat das Al Raha Hotel einen Badestrand.

●**75 Saadiyat Beach Club,** Saadiyat, Tel. 6563500, www.saadiyatbeachclub.ae, geöffnet 10–22 Uhr. Im Nordwesten der Insel Saadiyat gelegener, stilvollluxuriöser Strandklub für Mitglieder und Tages- oder Wochenendgäste (ab 250 Dh). Herrlicher Strand- und Poolbereich mit Schattenliegen, Sofas und Cabanas (zu mieten). Zudem gibt es Spa- und Fitnessangebote. Ohne Eintrittskosten können Gäste für einen entspannten Cocktail oder die exzellente Küche in den stylischen Bars und Restaurants vorbeischauen. Luftig und von der Meereskulisse geprägt ist das mediterrane Restaurant Safina (s. S. 30), die Restaurant-Lounge Cabana9 (s. S. 33) ist überaus gemütlich für einen Drink und die Terrassenbar Da La Costa (s. S. 33) ein besonderer Ort für einen Sundowner.

●**76** [ek] **Saadiyat Public Beach,** geöffnet: 8–20 Uhr, 25 Dh Eintritt (Kinder 15 Dh), Eintritt inkl. Schattenschirm- und Sonnenliegenverleih ab 50 Dh. Im Nordwesten der Insel Saadiyat neben dem Park Hyatt Saadiyat Island Hotel gelegener, ca. 400 m langer öffentlicher Badestrand mit Rettungsschwimmern, Umkleidekabinen, Sanitäreinrichtungen, Duschen, Snack Lounge und einem Angebot an umweltfreundlichen Wassersportmög-

lichkeiten. Da der Dünenstrand Naturschutzgebiet und Schildkrötennistplatz
ist, muss man über einen Holzsteg zum
Ufer gehen.

● 78 [in] **Yas Beach Beachclub**, Eintritt:
ab 50 Dh (Kinder 25 Dh) mit Sonnen-
liege und Handtuch (für Gäste des Yas
Plaza Hotel gratis), Cabanavermietung,
geöffnet: 10–19 Uhr, Tel. 562420435,
www.yasbeach.ae. Strandklub im
Süden der Insel Yas, ca. 400 Meter lang,
auch Strandbar mit Snacks, Getränken (auch Alkoholika), Wasserpfeifen, außerdem Spielplatz, Kajak- und
Paddleboardverleih

Wellness

Viele **Hotels** bieten einen Spa-Be-
reich, in dem man sich auch als Nicht-
Hotelgast verwöhnen lassen kann.

❯ Das Anantara Spa im Stil eines orientalischen Bades im **Emirates Palace
Hotel ❷** bietet Bade- und Dampfrituale,
Massagen sowie Körperbehandlungen
der Spitzenklasse.

❯ Das – namensgleiche – Anantara Spa
im **Eastern Mangroves Hotel & Spa by
Anantara** (s. S. 123) ist ein modern-
luxuriöses Hamam mit Spezialbehand-
lungen, Dampfbädern und Saunen.

Außerhalb der Hotels kann man sich
z. B. hier verwöhnen lassen:

❯ **Footprint Spa**, Al Wahda Mall
(s. S. 19), www.footprintspa.com, Tel.
4437375, geöffnet 10–22 Uhr. Fußre-
flexzonenmassagen, Fußbäder, Aroma-
therapie, Masken für geschundene oder
pflegebedürftige Füße; auch Gesichtsbe-
handlungen und Ganzkörpermassagen.

❯ **Man/Age Luxury Men's Spa**, Marina
Mall ❻, www.managespa.com, Tel.
6818837, geöffnet: Sa.–Do.10–22, Fr.
14–23 Uhr. Luxuriöses Spa nur für Männer, Haarschnitte, Rasuren, Maniküre,
Pediküre, Enthaarungen, Gesichtsbe-

handlungen, Massagen, marokkani-
sches Bad.

● 79 [F3] **Stop Relax Spa**, Al Danah, hinter
dem Madinat Zayed Shopping Centre &
Gold Centre, Tel. 6282202, 6282424,
www.stoprelaxspa.com, geöffnet: Sa.–
Do. 10–22, Fr. 14–22 Uhr. Spa und
Schönheitssalon mit arabischen und
Thai-Behandlungen auch Massagen
und Schönheitsbehandlungen für Haut,
Haare, Nägel – für Sie und Ihn.

Zur richtigen Zeit am richtigen Ort

*In Abu Dhabi – nicht nur in der Stadt,
sondern im gesamten Emirat – finden diverse Feste und Veranstaltungen vornehmlich sportlicher und kultureller Art statt. Im Folgenden wird
eine Auswahl an jährlich wiederkeh-
renden Großveranstaltungen genannt – bedingt durch das Klima finden die meisten in den kühleren Wintermonaten statt.*

Veranstaltungen im Jahresverlauf

Abu-Dhabi-Stadt

❯ **Abu Dhabi HSBC Golf Championship**,
Januar. Hochdotiertes Golfturnier als
Teil der European Tour, www.abudhabi
golfchampionship.com.

❯ **Terry Fox Run**, Februar. Wohltätigkeits-
veranstaltung, bei der Tausende an der
Corniche joggen, spazieren, Rad fahren
oder skaten, www.terryfox.org.

❯ **Gourmet Abu Dhabi**, Februar. 10-tägi-
ges, kulinarisches Event für Feinschme-
cker, www.gourmetabudhabi.ae.

❯ **Qasr al Hosn Festival**, Februar/März.
10-tägiges Kulturfestival mit Musik, Tanz,
Kulturerbe-Ausstellung, Handwerksvor-

Zur richtigen Zeit am richtigen Ort

Termine

> **Websites** für größere Events: www.abudhabievents.ae, www.events.ae
> Die **Abu Dhabi Tourism & Culture Authority** bietet einen Veranstaltungs-kalender – auch auf Deutsch – unter www.visitabudhabi.ae.
> Die **Abu Dhabi Authority for Culture & Heritage** informiert unter www.visita-budhabi.ae über Festivals, Kulturver-anstaltungen und Kunstausstellungen.
> Die **Abu Dhabi Music & Arts Founda-tion** informiert über Musik- und Kunst-veranstaltungen: www.admaf.org.
> Informationen und Termine für **Tages-veranstaltungen** (Konzerte, Kino, Kul-tur, Sport etc.) entnimmt man den Tageszeitungen oder Veranstaltungs-magazinen bzw. Websites (s. S. 104).
> **Ticketkauf** z. B. im Virgin Megastore in der Abu Dhabi Mall (S. 19) oder der Al Wahda Mall (S. 19), Ticketvor-verkauf über Virgin Megastore http://tickets.virginmegastore.me

führungen und historischem Souq um Abu Dhabis Fort, www.qasralhosnfestival.ae.
> **Red Bull Air Race,** Februar/März. Spek-takuläre Flugschau an der Corniche im Rahmen der Red Bull World Series, www.redbullairrace.com.
> **Abu Dhabi International Triathlon,** März. Hochdotierter Triathlon, der Topsportler aus aller Welt anzieht, www.abudhabitriathlon.com.
> **Abu Dhabi Festival,** März/April. Dreiwö-chiges internationales Festival rund um Tanz, Musik, Theater, Film, Literatur und Kunst, www.abudhabifestival.ae.
> **UAE Jet Ski Championship,** April. Von diesem internationalen Jetski-Meister-schaftsrennen wird ein Teil in Abu Dhabi abgehalten, www.adimsc.ae.
> **Abu Dhabi Summer Season,** Juni/Juli/August. Familienveranstaltungen, Ver-

kaufsaktionen, Einkaufs-, Hotel-, Fluger-mäßigungen, Preisnachlässe für Kinder und Familien, www.abudhabievents.ae.
> **International Hunting and Equestrian Exhibition,** September/Oktober. Drei-tägige Messe rund um den Jagd- und Pferdesport, auch Falknerei, Folklore-tänze, Kamelauktion, www.adihex.net.
> **Yasalam,** September bis November. Knapp zweimonatiges Festival mit viel-fältigen Events für Groß und Klein, www.yasalam.ae.
> **Abu Dhabi Classics,** Oktober bis Mai. Klassische Musik an ungewöhnlichen Spielstätten wie dem Emirates Palace Hotel, am Strand, unter Sternenhimmel, im Wüstenfort, www.abudhabievents.ae.
> **Abu Dhabi Film Festival,** Oktober/November. 9-tägiges Filmfestival, auch viele englischsprachige Filme, www.abudhabifilmfestival.ae.
> **Formula 1 Etihad Airways Abu Dhabi Grand Prix,** November. Formel-1-Welt-meisterschaftsrennen am Yas Marina Circuit, www.formula1.com.
> **Abu Dhabi Art,** November. Veranstal-tungen, Ausstellungen und Seminare zu moderner zeitgenössischer Kunst- und Literatur, www.abudhabiartfair.com.
> **UIM F1 Powerboats World Champion-ship,** November/Dezember. Formel-1-Weltmeisterschaft im Schnellbootren-nen, www.f1h2o.com, www.adimsc.ae.
> **UAE National Day Celebrations.** Vielfäl-tige Veranstaltungen zum Nationalfeier-tag am 3.12., Feuerwerk, traditioneller Markt, Flugschau, Autoparade, Boots-regatten, Theatershows, Kunstveranstal-tungen, Spiel und Spaß.
> **Date Palm Festival,** Dezember. 6-tägige Messe rund um die Dattelpalme und die Dattelfrucht, www.datepalmfestival.net.

Außerhalb von Abu-Dhabi-Stadt
> **Al Gharbia International Festival,** Januar, in Liwa. Motorsportwettbewerbe an der 120 Meter hohen und 50 Grad

steilen Moreeb-Sanddüne, www.algharbiafestivals.com.

❯ **Abu Dhabi Desert Challenge**, März/April. Wüstenrallye verschiedener Fahrzeugklassen mit Topfahrern, www.abudhabidesertchallenge.com.

❯ **Al Gharbia Watersports Festival**, März/April, in Mirfa. Neun Tage Wassersportwettbewerbe und -shows, www.algharbiafestivals.com.

❯ **Liwa Date Festival**, Juli, in Liwa. In gekühlten Großzelten abgehaltenes Festival rund um die Dattel, auch Kulturveranstaltungen, Kochwettbewerbe, Souq, Kinderzelt, www.liwadatesfestival.ae, www.algharbiafestivals.com.

❯ **Al Ain Aerobatic Show**, November, in Al Ain (s. S. 82). Dreitägige Kunstflugschau, Stuntshows, Kinderzone, www.alainaerobaticshow.com.

❯ **Shaikh Zayed Heritage Festival**, Dezember, in Al Wathba. Sehr sehenswertes 12-tägiges Fest zum Kulturerbe der V.A.E. mit Festival-Dorf, traditionellem Souq, Kamelrennen, Falkenvorführungen, Pferdeshows, Windhundrennen u. v. m., www.visitabudhabi.ae.

❯ **Al Gharbia Falconry Festival**, Dezember, in Al Ain. Einwöchiges, internationales Fest rund um die Jagd mit Beizvögeln, Jagdwettbewerbe, Vorführungen, Workshops, Fotografie- und Kunstausstellungen, zudem andere kulturelle Events wie Kamel- und Hunderennen, Musik und Tanz, www.falconryfestival.com.

❯ **Al Dhafra Camel Festival**, Dezember, in Madinat Zayed. 14-tägiges Kamelfestival nicht nur für Kamelfans, neben Zuchtschau, Schönheitswettbewerb und Kamelrennen auch viele und Kulturveranstaltungen, Musik, Kunsthandwerk, Poesie, traditioneller Souq, Falknerei, www.algharbiafestivals.com.

⌃ *Seilrutsche bei einem Kinder-Sportfest*

Religiöse Feiertage

Religiöse Feiertage richten sich nach der islamischen Zeitrechnung und fallen deshalb nach unserem Kalender jedes Jahr auf ein anderes Datum. Termine werden aktuell nach dem örtlichen Stand des Mondes ermittelt.

Die voraussichtlichen Daten der wichtigsten muslimischen Festtage sind:

❯ **Al Hijri** (Islamisches Neujahr): 14.10.2015, 03.10.2016, 22.09.2017

❯ **Maulid al Nabi** (Geburtstag des Propheten Mohammed): 03.01.2015, 12.12.2016, 01.12.2017

❯ **Lailat al Miraj** (Himmelfahrt des Propheten): 16.05.2015, 05.05.2016, 24.04.2017

> **Ramadan** (heiliger Monat der Muslime): ab 17.06.2015, ab 06.06.2016, ab 26.05.2017
> **Eid al Fitr** (Fest zum Fastenbrechen nach Ramadan): zwei bis drei Tage 17.07.2015, 06.07.2016, 26.06.2017
> **Eid al Adha** (Großes Opferfest zur Pilgerfahrt nach Mekka): drei bis vier Tage ab 23.09.2015, 12.09.2016, 01.09.2017

Staatliche Feiertage

Staatliche Feiertage finden alljährlich zu den feststehenden Zeiten des gregorianischen Kalenders statt:

> **1. Januar:** Neujahrstag
> **6. August:** Tag des Machtantritts des Staatsgründers der V.A.E., Shaikh Zayed, im Jahr 1966
> **2. und 3. Dezember:** Nationalfeiertage zur Staatsgründung der V.A.E. im Jahr 1971

Der Ramadan – Fasten und Frömmigkeit

Der Koran verbietet allen erwachsenen und gesunden Muslimen, im Ramadan tagsüber zu essen, zu trinken oder zu rauchen. Zugleich führen die Muslime in diesem Monat, in dem Mohammed seine erste Offenbarung von Gott erfuhr, ein besonders **religiöses und besinnliches** *Leben.*

Auch für Touristen bzw. Nichtmuslime, die in dieser Zeit in Abu Dhabi sind (Kinder ausgenommen), ist es **verboten, tagsüber in der Öffentlichkeit zu essen, zu trinken oder zu rauchen.** *Was hinter den Türen des Hotelzimmers vorgeht, interessiert allerdings nicht. Auch tagsüber einzukaufen, ist völlig in Ordnung, Lebensmittelläden und Märkte sind wie gewohnt geöffnet. Alle* **Straßenrestaurants** *öffnen in dieser Zeit erst ab Sonnenuntergang, viele* **Hotelrestaurants** *haben jedoch tagsüber auf. Hier kann man wie gewohnt alles bekommen, was man begehrt, Alkohol allerdings (offiziell) nicht, abends aber mitunter schon.*

Nachtklubs *sind während des Ramadan zum Großteil geschlossen, viele* **Bars** *sind zumindest in den Abendstunden geöffnet und servieren auch*

Alkoholika, doch Entertainment findet nicht statt, Tanzflächen sind abgesperrt und auf DJ- bzw. Livemusik wird verzichtet.

Trotz mancherlei Entbehrungen hat der Ramadan auch **Vorteile:** *Kurz vor Sonnenuntergang bieten kleine Stände Leckereien zum Fastenbrechen an und die Nacht wird quasi zum Tag. Geschäfte und Souqs haben länger geöffnet, Restaurants schließen oft erst in den frühen Morgenstunden. Zahlreiche Restaurants bieten nach Sonnenuntergang sogar üppige* **All-you-can-eat-Büfetts** *an (ab 30 Dh in Straßenrestaurants, ab 100 Dh in Luxushotels). In vielen großen Hotels und manchen Malls sind extra* **Ramadan-Zelte** *aufgebaut und mit Teppichen, Kissen und bunten Stoffen gemütlich dekoriert. In ihnen werden abends Getränke, Datteln und Süßigkeiten serviert. Musik und Tanz sorgen für ausgelassene Stimmung.*

Das Schönste am Fasten ist das **Fastenbrechen** *am Ende des Ramadan, das „Eid al Fitr". Das viertägige Fest gibt Anlass zu ausgiebigem Schlemmen und Feiern.*

AM PULS DER STADT

063ad Abb.: kk

Das Antlitz der Metropole

Abu-Dhabi-Stadt ist die Hauptstadt des Emirats Abu Dhabi und auch die der Vereinigten Arabischen Emirate. Die V.A.E. setzen sich aus den sieben Emiraten Abu Dhabi, Dubai, Sharjah, Ajman, Umm al Quwain, Ras al Khaimah und Fujairah zusammen. Das Gebiet der V.A.E. erstreckt sich im Nordosten der Arabischen Halbinsel entlang der Südwestküste des Golfs. Mit ca. 83.600 km² entspricht die Landesgröße etwa der Ausdehnung Österreichs.

Mit ca. 67.340 km² ist das Emirat Abu Dhabi das flächenmäßig größte Emirat der V.A.E., rund 2,3 Millionen Einwohner leben hier, davon ca. 1,3 Millionen in Abu-Dhabi-Stadt

> **EXTRAINFO**
>
> **Die Stadt in Zahlen**
> **Städtische Besiedlung:** seit ca. 1790
> **Einwohner:** ca. 1,3 Millionen
> **Bevölkerungsdichte:** ca. 120 pro km²
> **Fläche Hauptinsel:** ca. 60 km²
> **Höhe ü. M.:** bis ca. 310 m

◁ *Vorseite: Abu Dhabi wächst – in die Höhe*

▽ *Abu Dhabis Innenstadt liegt an der Nordwestküste der Hauptinsel*

(www.abudhabi.ae). Den größten Teil des Binnenlands bedecken unfruchtbare **Salzebenen und Wüstenflächen**. Im Süden dehnen sich die Dünen der Großen Arabischen Wüste **Rub al Khali** („Leeres Viertel") aus. Da Flüsse, Seen oder größere unterirdische Wasservorkommen fehlen, sichern Trockenpflanzen durch Maßnahmen zum Wassersparen und große Saugfähigkeit ihr Überleben.

In den Wüsten lagert der größte Schatz des Emirats – **Erdöl**. 1958 auf dem Wüstenfeld Bab 3 erstmals entdeckt, wurde schon vier Jahre später mit dem Export begonnen. Abu Dhabi besitzt rund 90 % des emiratischen Öls und 9 % der Welterdölreserven. Die Einnahmen daraus haben das Emirat zu einem der weltweit wohlhabensten Länder gemacht. Neben Öl gibt es in Abu Dhabi auch gewaltige **Erdgasvorräte**. Hinter Russland, dem Iran, Katar u. a. steht das Emirat derzeit an siebter Stelle bei den weltweit geschätzten Vorräten. Die Staatseinnahmen stammen zu knapp 60 % aus dem Öl- und Gassektor. Abu Dhabi möchte aber seine Abhängigkeit von diesen endlichen Rohstoffen verringern: Handel, Industrie und Tourismus sollen in Zukunft eine bedeutsamere Rolle spielen.

Im Osten verläuft die **Gebirgskette** (arab. *jebel*) des Hajar, ein im Tertiär entstandenes Faltengebirge, das auf dem Territorium der V.A.E. Höhen von bis zu 2000 m erreicht. Die Bergketten stauen die vom Golf von Oman kommenden Regenwolken, weshalb dort höhere Niederschlagsmengen als im Rest des Landes erreicht werden.

Über 400 km der **Küstenlinie** der V.A.E. verlaufen auf dem Gebiet Abu Dhabis, zum Emirat gehören auch zahlreiche Inseln im Golf. Weite Uferareale sind von Mangroven und Seegrasfeldern durchzogen.

Abu-Dhabi-Stadt liegt größtenteils auf einer ca. 60 km² großen **Golfinsel**. Über mehrere Brücken, drei davon allein an der schmalen Südostseite, ist diese Hauptinsel mit dem nahen Festland verbunden. Drumherum liegen rund 200 kleinere Inseln, beispielsweise Saadiyat (s. S. 74), Yas (s. S. 76), Al Reem und Lulu. Bei fast allen handelt es sich um natürliche Inseln und nicht um künstlich aufgeschüttete wie im Nachbaremirat Dubai.

Etliche der Eilande sind unbewohnt, sie werden am Ufer von Mangroven gesäumt und das Landesinnere ist von öden Sandflächen geprägt. Doch immer mehr von ihnen werden städtebaulich erschlossen.

Jenseits des schmalen Maqtaa-Kanals dehnt sich die Stadt auch auf das **Festland** aus, beispielsweise mit der Industriezone Mussafah, dem internationalen Flughafen und diversen Vororten wie Mohammed bin Zayed City, Shakbout City oder Khalifa City. Auch die großangelegten Neubauareale New Khalifa City, Al Raha Beach und Masdar City (s. S. 56) befinden sich auf dem Festland.

Abu Dhabi ist eine **junge Stadt**, die moderne Stadtgeschichte begann mit der Entdeckung und Förderung des Erdöls in den 1960er-Jahren. Binnen nur einer Generation wurde das einstige Beduinen- und Fischerdorf zu einer Großstadt mit einem der höchsten Lebensstandards der Welt und zur Öl- und Finanzkapitale der Golfregion.

Als junge Stadt wurde Abu Dhabi städteplanerisch entwickelt. Die Straßen sind meist rechtwinklig im Gittersystem angeordnet. Zumindest das macht Ortsfremden die **Orientierung** leichter, doch ansonsten kann die Suche nach einer bestimmten Adresse verwirrend sein: Für viele große Straßen sind mehrere Namen gebräuchlich – und diese sind durchaus anders als in den Stadtplänen geschrieben. Derzeit etabliert Abu Dhabi ein neues Geo-Adress- und Navigations-System (s. S. 141).

021ad Abb.: kk

Anders als Abu Dhabi liegt die zweitgrößte Stadt des Emirats – **Al Ain** (s. S. 82) – etwa 160 km weit im Landesinneren. Landschaftlich prägen hier die Weiten der Sandwüste und die Bergausläufer des Hajar das Bild. Al Ain ist eine sehenswerte Oasenstadt mit langer Vergangenheit. Wasserreichtum ist der besondere „Schatz" dieser Gegend.

Weitere **Wüstenoasen** liegen ca. 260 km entfernt von Abu-Dhabi-Stadt und sind von der Sandwüste Rub al Khali umgeben. Rund fünfzig Einzelorte, die sich über 100 km weit von Ost nach West ausdehnen, bilden das **Liwa-Oasengebiet.** Zwischen den kleinen Orten ragen immer wieder Sanddünen empor. Das Dorf Liwa ist die bekannteste Oase, das Geschäftszentrum ist Meziyrah.

Die wenigen weiteren Städte des Emirats befinden sich zumeist an der **Küste,** so etwa Ruwais und Jebel Dhanna (ca. 250 km westlich von Abu-Dhabi-Stadt), wo sich bedeutende Industriekomplexe und Raffinerien befinden.

Das Emirat dehnt sich im Westen ca. 360 km bis an die Grenze zu **Saudi-Arabien** aus. Im Nordosten schließt sich **Dubai** an. Vom Stadtzentrum Abu Dhabis sind es ca. 160 km bis zum Zentrum von Dubai.

Von den Anfängen bis zur Gegenwart

Die Geschichte der V.A.E. und Abu Dhabis beschränkt sich nicht auf das heutige Staatsgebiet. Insbesondere die wechselvolle Historie des Oman prägte die Region. In der ersten Hälfte des 19. Jahrhunderts dehnte sich das zum Seehandelsimperium aufgestiegene Sultanat über das gesamte ost- und südarabische Gebiet am Rand des Indischen Ozeans sowie über die südliche und nördliche Golfregion bis zum Roten Meer und zur ostafrikanischen Küste aus. Auch wenn das heutige Gebiet der V.A.E. bis in die 1950er-Jahre zum omanischen Territorium zählte, so herrschten die hiesigen Shaikhs meist unabhängig.

2500–2000 v. Chr: Zur Zeit der Umm-al-Nar-Periode (benannt nach einer Küstensiedlung nahe Abu Dhabi) führt die Region Handelskontakte mit Mesopotamien, Kupferfunde in den Hajar-Bergen.

Ab ca. 1500 v. Chr: Domestizierung des Kamels

7. Jahrhundert: Einwanderungswellen südarabischer Stämme an den unter persischem Einfluss stehenden südlichen Golf. In den Emiraten gibt es lediglich am Fuße der Hajar-Berge und an der Küste kleine Siedlungen, daher kaum Einflussnahme.

570–632: Lebenszeit des Propheten Mohammed

622: Beginn der islamischen Zeitrechnung

Abu Dhabi – Vater der Gazelle
Einer alten **Geschichte** nach bedeutet der Name Abu Dhabi übersetzt „Vater der Gazelle". Um 1760 soll eine Jagdgesellschaft der Al-Nahyan-Familie aus der **Bani-Yas-Stammeslinie** aus Liwa eine Gazelle verfolgt haben, die sie zu einer Frischwasserquelle nahe dem heutigen **Fort** ❿ – damals nur ein Wachturm – führte. Rund drei Jahrzehnte später befahl der damalige Stammesführer seinem Sohn, auf die Insel zu ziehen und eine Siedlung anzulegen. So wurde die Stadt gegründet.

630: Vertreibung der Perser und Beginn der Ausbreitung des Islam in der Region

7.–16. Jahrhundert: Relative Selbstständigkeit der südlichen Golfregion gegenüber dem islamischen Kalifat und den islamischen Dynastien

Ende 15. Jahrhundert: Blütezeit des Königreichs von Hormuz, zu dem neben der Golfinsel Hormuz auch Teile des Oman und Julfars, einer bedeutenden Hafenstadt nahe Ras al Khaimah, gehören.

Ab Beginn des 16. Jahrhunderts: Herrschaft der Portugiesen am Golf. Sie unterhalten Stützpunkte in einzelnen Küstensiedlungen, um ihre Seehandelswege zu sichern.

Ab Beginn des 17. Jahrhunderts: 1622 Verdrängung der Portugiesen aus Hormuz durch die von Persern unterstützten Briten und 1650 aus Muscat durch den omanischen Imam. Ausdehnung britischer, niederländischer, französischer Handelsniederlassungen an der Golfküste.

17. und 18. Jahrhundert: Piratentum beeinträchtigt die Schifffahrt und die Handelsaktivitäten, der Stamm der Al Qawasim von Ras al Khaimah kontrolliert ab 1763 die obere und untere Golfküste.

Ab 1760: Beduinen der Familie Al Nahyan vom Stamm der Bani Yas verlassen die Oase Liwa und siedeln an der Küste auf der Insel Abu Dhabi. Abu Dhabi wird die Hauptstadt des von der Familie Al Nahyan beherrschten Areals. Baubeginn der Festung Al Hosn, Beginn der Perlenfischerei.

Ab 1787: Saudische Wahabiten (reformistische Bewegung aus Zentralarabien) unterwerfen die Al Qawasim und versuchen, die schiitische Bevölkerung zum Wahabismus zu bekehren. Mehrfach Kämpfe um die Buraimi-Oasen.

1812: Der Oman und Persien verbünden sich und besiegen die Wahabiten.

1820: Großbritannien verbündet sich mit dem Oman und startet Strafexpeditionen

gegen Piratenstützpunkte an der südlichen Golfküste, Friedensvertrag zwischen Großbritannien und den Scheichs der sogenannten „Piratenküste". Beginn der britischen Golfpolitik.

1833: Das bislang zu Abu Dhabi gehörende Dubai wird zum eigenständigen Scheichtum erklärt.

1835 und 1843: Vertragsschlüsse mit Großbritannien, in denen die Shaikhs zusagen, Piraterie und Kriegsführung einzudämmen, die „Pirate Coast" wird zur „Trucial Coast" („Vertragsküste").

Ab 1855: Unter Shaikh Zayed bin Khalifa al Nahyan steigt Abu Dhabi zur erfolgreichsten Macht am Golf auf. Abu Dhabi entwickelt sich zum Zentrum der Region und zieht zahlreiche Einwanderer aus dem Hinterland, den benachbarten Scheichtümern sowie aus Persien, Pakistan und Indien an.

Ab 1903: Gründung britischer Handelsniederlassungen am südlichen Golfufer.

⌂ Weiß getünchter Wehrturm des ab 1793 erbauten Al Hosn Fort **10***, dem ältesten Gebäude der Stadt*

Von den Anfängen bis zur Gegenwart

Boom des Perlen- und Goldhandels, da neben Indien auch Europa ein immer wichtigerer Handelspartner wird.

Ab 1909: Nach dem Tod von Shaikh Zayed bin Khalifa al Nahyan folgen blutige Nachfolgestreitigkeiten, bei denen bis 1928 vier seiner Söhne ermordet werden.

1928–1966: Unter der Herrschaft von Shaikh Shakhbout bin Sultan stabilisiert sich Abu Dhabi. Doch der Shaikh hortet die Erdöleinnahmen und sperrt sich gegen Projekte, welche die soziale und infrastrukturelle Situation des Emirats verbessern könnten. Die Unzufriedenheit der Bevölkerung wächst.

Ab 1930: Niedergang der Perlenfischerei in der Golfregion, teilweise wirtschaftliche Not und Abwanderung der Bewohner

1958: Entdeckung von Erdöl

1962: Beginn der Erdölexporte Abu Dhabis

1966: Beginn der Regentschaft von Shaikh Zayed bin Sultan al Nahyan, der als „Vater" des Emirats in die Geschichte eingeht. Er löst seinen Bruder Shakhbout ab, dessen Regentschaft die Familie zu entzweien drohte.

1968: Ankündigung der Briten, bis 1971 ihre Verpflichtungen und kolonialen Vorrechte östlich von Suez aufzugeben

1971: Staatsgründung der V.A.E., Rück-

Perlenreise
Einen Ausflug in die Geschichte der Perlentaucherei bietet Abu Dhabi Pearl Journey. Während einer ca. eineinhalbstündigen Seefahrt bekommen Gäste an Bord eines speziellen Holzboots Einblicke in die Arbeitsweise der Austernfischer. 500 Dh kostet eine Fahrt pro Person – und wer eine Perle findet, darf sie behalten.
› Abu Dhabi Pearl Journey, www.adpearljourney.com, Tel. 6561052, Abfahrt vom Hafen des InterContinental-Hotels

zug der Briten aus allen ihren Gebieten östlich des Suezkanals, Verträge mit Großbritannien verlieren ihre Gültigkeit. Erster Präsident wird Shaikh Zayed bin Sultan al Nahyan. Abu-Dhabi-Stadt wird die Hauptstadt des jungen Staates und erlebt in den folgenden Jahren einen immensen Bauboom. Start einer Immigrationswelle ausländischer Arbeitnehmer.

1976: Die erste Raffinerie in Umm al Nar nimmt ihren Betrieb auf, Abu Dhabi avanciert zum Zentrum der Ölindustrie.

2004: Nach dem Tod von Shaikh Zayed wird sein Sohn Shaikh Khalifa bin Zayed al Nahyan Herrscher über Abu Dhabi und Präsident der V.A.E.

2009–2018: Aufbau des landesweiten Eisenbahn-Schienennetzes Etihad Rail. Insgesamt sollen 1200 km zum Fracht- und Passagierverkehr entstehen und (als Teil eines Golfstaaten-Liniennetzes) Saudi-Arabien mit Oman verbinden.

▷ *Spaziergang auf der Wellenbrecher-halbinsel (s. S. 65) im Morgendunst*

◁ *Am südlichen Golfufer hat sich der Islam etabliert*

Leben in der Stadt

*Stammes- und religionsabhängi-
ge Gesellschaftsnormen sind in Abu
Dhabi von großer Bedeutung und
ihre Einhaltung wird – neben der Loyalität zum Staat und dem alle Einheimischen verbindenden Natio-
nalbewusstsein – als „oberste Bür-
gerpflicht" angesehen. Auf diesem
Fundament entwickelte sich ein moderner Lebensstil, der jedoch diversen Dynamiken und Fremdeinflüs-
sen unterliegt.*

Tradition und Moderne

Abu Dhabi wuchs im Zeitraffer: Seit
den ersten Ölfunden Mitte des letzten
Jahrhunderts und dem Zusammenschluss von sieben selbstständigen
Scheichtümern zum Staatenbund
der Vereinigten Arabischen Emirate
im Jahr 1971 erlebt dieser Wüsten-
winkel im Schnelldurchlauf eine Entwicklung, für die andere Städte 100
Jahre und länger gebraucht haben.
Durch Abu Dhabis **rasante Entwick-**

lung bilden dieselben Menschen,
die als junge Erwachsene noch allein von Dattelanbau, Viehzucht, Per-
lenhandel, Piraterie, Goldschmuggel
oder Fischerei lebten, heute die ältere Generation eines begüterten Vol-
kes. Aus Lehm- oder Palmwedelhütten zogen die Bewohner in Luxusa-
partments, Villen und Prachtpaläste.
In kaum einem anderen Teil der Welt
wandelte sich das Leben binnen nur
einer Generation derart schnell und
tiefgreifend.

Die vielen Annehmlichkeiten einer
Hightech-Luxusgesellschaft sind in
Abu Dhabi ebenso Teil des Lebens-
alltags wie das bewusste Aufrecht-
erhalten von **alten Wertvorstellun-
gen** und **Stammestraditionen**. In Abu
Dhabi trifft beduinisches Selbstbe-
wusstsein auf globales Sendungsbe-
wusstsein. Das Wertschätzen von alten Bräuchen und Tugenden steht im
Kontrast zu einer besonderen Dyna-
mik, die sich im modernen Lebensstil,
der vielgestaltigen Stadtplanung und
der breit gefächerten Wirtschaftsori-
entierung manifestiert.

024aad Abb.: kk

Jagdfalken – hoch geschätztes Beduinenerbe

*Die Jagd gehörte zum **Lebensalltag der Beduinen,** denn so vermochten sie ihren kargen Speiseplan zu bereichern. Die Beizjagd, d. h. die Jagd mit Greifvögeln, hat sich bis in die heutige Zeit als Verbindung zum ehemaligen Wüstenleben erhalten.*

*Heute sind Jagdfalken nicht nur in finanzieller Hinsicht wertvoll, sie sind hoch angesehene und **heiß geliebte Tiere.** Viele Emirater betrachten ihre Falken als Familienmitglieder und lassen ihnen eine ähnlich große Fürsorge zukommen wie ihren Kindern.*

*In der gesamten Golfregion hat sich die Jagd mit Falken durchgesetzt. Weibliche Tiere werden bevorzugt, denn sie sind größer und stärker als Männchen. Zu **Beginn der Jagdsaison,** die auf die Wintermonate beschränkt ist, verbringen die Falkner sehr viel Zeit mit ihren Schützlingen. Während dieser Zeit sollen sich die Vögel an die Hände und an die Stimme des Menschen gewöhnen. Nach und nach fassen die Vögel Vertrauen zum Falkner und der fremden Umgebung. Um die sensiblen Tiere vor der Unruhe und Hektik der Umgebung zu schützen und sie zu beruhigen, bekommen sie eine aus Leder handgearbeitete Haube über den Kopf gestülpt. Diese „burqa" wird zunächst nur während der Fütterung - und später auch beim Trainings- und Jagdflug - abgenommen. Zu Hause und während der Trainingspausen sitzt das Tier mit verbundenen Augen auf einem transportablen Holzständer oder einem in den Boden steckbaren Pflock. Unterwegs werden die Falken auf dem Unterarm des Falkners getragen, der durch einen aus dickem Stoff bestehenden Muff gegen Verletzungen durch die scharfen Krallen geschützt ist. Auch zur Fütterung nimmt das Tier auf dem Arm des*

025ad Abb.: kk

Jagdfalken – hoch geschätztes Beduinenerbe

Falkners Platz. Um sich an die Handfütterung zu gewöhnen, wird es immer wieder mit kleinen Fleischhappen verköstigt.

Draußen, in der Wüste, wird der Falke darauf **trainiert,** gemäß seinem natürlichen Jagdinstinkt Beute zu erlegen. Zur Prägung auf das zukünftige Beutetier werden künstliche Köder, bestehend aus an einem Seil angebundenen Fleischstücken mit aufgesteckten Federn, über den Boden gezogen und durch die Luft gewirbelt. Zu Beginn dieser Ausbildungsphase ist der Falke an seinen Läufen festgebunden, doch später fliegt er frei, schlägt seine Beute und lässt sich – nachdem er sich mehr oder weniger an der Beute satt gefressen hat – wieder auf den Arm nehmen. Ein satter Vogel wird nicht so einfach auf den Arm zurückkehren, denn die Motivation, Futter aus der Hand des Falkners zu erhalten, entfällt bzw. wird ignoriert.

Bis auf wenige Ausnahmen tragen alle Tiere einen Mini-Funksender, damit sie, falls sie entflogen sind, wiedergefunden werden können. Für den Fall, dass ein Vogel durch den Kampf mit seiner Beute verletzt oder erkrankt ist, gibt es eine spezielle **Falkenklinik.** Am häufigsten sind Ballenentzündungen, die sich die Tiere zuziehen, weil nach tagelangem Sitzen durch Risse in den Fußballen Bakterien ins Gewebe eingedrungen sind. Auch Pilzinfektionen der Lunge und Lungenwürmer sind ein häufiges Problem. In den beim Beuteschlagen lädierten Stoß (Schwanz) eines Falken können mittels eines Klebeverfahrens neue Federn eingepasst werden.

❯ Sehr empfehlenswert ist eine geführte Tour des **Falcon Hospital** [20]. Falkenfans können sich auch das alljährlich im Dezember stattfindende **Al Gharbia Falconry Festival** (s. S. 43) ansehen.

⌃ Ein zahmer Falke wartet auf seinen Jagdeinsatz

◁ Mit Augenmasken lassen sich nervöse Jagdfalken beruhigen

Leben in der Stadt

In Abu Dhabi sieht man sich nicht nur als das Zentrum eines modernen, globalisierten und wandlungsfähigen, sondern auch eines **kosmopolitischen Arabiens**, in dem sich Orient, Asien und westliche Welt nicht nur geografisch, sondern auch gesellschaftlich begegnen. **Mehr als sechzig Nationalitäten** leben und arbeiten zusammen. Gelassenheit und Toleranz der Einheimischen gegenüber anderen Kulturen und Lebensweisen sind groß, jedoch nicht unendlich. So gilt beispielsweise ein striktes **Kritikverbot** bezüglich der einheimischen Lebensart, der Herrscherfamilie und allzu brisanter weltpolitischer Geschehnisse.

Die **Bewohner** Abu Dhabis teilen sich in etwa **20 % Emirater** und **80 % Einwanderer** aus fremden Ländern auf. In dieser multi-ethnischen Gesellschaft sind die Einheimischen eine Minderheit im eigenen Land.

Doch Abu Dhabi ist kein Schmelztiegel der Kulturen. Im Gesellschafts- und Wirtschaftsleben nehmen stets Einheimische die Führungspositionen ein. Fremdarbeiter leben in einer regelrechten Parallelgesellschaft, sie unterhalten kaum Kontakte zur einheimischen Bevölkerung (bzw. diese nicht zu ihnen) und sie haben ihre eigenen Wohnviertel sowie eigene Orte der Begegnung und Freizeitgestaltung.

Stamm und Religion

Stammesverbundenheit spielt eine wichtige Rolle in der Gesellschaft Abu Dhabis, Traditionen und Gesetze einer Beduinengemeinschaft existieren weiterhin und machen einen Teil des gesellschaftlichen und politischen Systems aus.

Ein Stamm ist die älteste **gesellschaftliche Organisationsform** der Arabischen Halbinsel, die schon in vorislamischer Zeit bestand. Mitglieder eines Stammes teilen das Verständnis von einer gemeinsamen Abstammung und gegenseitigen Verwandtschaftsbeziehung. Das Einhalten der ungeschriebenen stammeseigenen Regeln und Gebräuche dominiert noch heute das Leben der Emiratis.

Machtvolle und einflussreiche Stellungen, beispielsweise in der Regierung, Verwaltung, Armee, Polizei sowie in der Privatwirtschaft haben Angehörige der Herrscherfamilie inne.

An der Gesellschaftsspitze stehen die **Shaikhs** und Angehörigen der Herrscherfamilie Al Nahyan, die allesamt beduinischen Ursprungs sind. Den Shaikhs folgen die „normalen" **Staatsbürger**, die sich aus hier geborenen Beduinen-Arabern – welche die einfache Stammesbevölkerung bilden – und langjährig ansässigen **Zu-**

Islam

Das arabische Wort „Islam" kann als „Ergebung und Hingabe in den Willen Gottes" übersetzt werden. Der Islam ist eine streng monotheistische Religion. Es gibt nur einen Gott, der im arabischen Allah genannt wird, aber derselbe Gott ist, an den auch Christen und Juden glauben.

Shaikh

Shaikh (arabisch für „Ältester", „verehrungswürdig") ist der Titel für Stammesälteste und Stammesoberhäupter, Vorstände von Familienverbänden, Adelige und deren Söhne sowie ehrwürdige Religionsgelehrte. Shaikha bezeichnete ursprünglich die Tochter eines Shaikhs, heute ist es auch der Titel seiner Frau.

wanderern – zumeist iranischen und indischen Ursprungs – zusammensetzen. Unter Letzteren gibt es große Händlerfamilien, die über viel Macht und Einfluss verfügen.

Neben diesen Einheimischen zählen zahlreiche **Fremdarbeiter** zu den Einwohnern Abu Dhabis. Mit Beginn der Erdölförderung setzte ein gewaltiger vom Staat geförderter Zustrom ausländischer Arbeitskräfte ein. Der Grund lag darin, dass die landeseigene Bevölkerung weder der Anzahl, noch dem Ausbildungsstand nach zur Bewältigung der bevorstehenden Arbeiten und Aufbauprozesse in der Lage gewesen wäre.

Der hohe Fremdenanteil birgt **Konfliktpotenzial:** Die Tatsache, dass der Gastarbeiteranteil über drei Viertel der Bevölkerung ausmacht, wird mit Sorge betrachtet. Viele fürchten eine Überfremdung, insbesondere wegen der vielen Einwanderer vom indischen Subkontinent, die den un- und halbqualifizierten Arbeitsmarkt der unteren Einkommensgruppen dominieren. Alle Ausländer haben übrigens nur so lange eine Aufenthaltsgenehmigung in Abu Dhabi, wie ihr Arbeitsvertrag gilt.

Als wichtiges Bindeglied zwischen den Gruppen fungiert der **Islam**, dem die große Mehrheit der Emirater angehört. Auch viele ausländische Gastarbeiter, beispielsweise aus Pakistan, Nordafrika oder dem Nahen Osten, sind Muslime. Für alle ist der muslimische Glaube Mittelpunkt des Lebens. Abu Dhabis Herrscher achten sehr genau darauf, dass das islamische Fundament keine Risse bekommt und dass sich keine fundamentalistischen Tendenzen festsetzen.

❯ Die herrlichste Moschee des Landes, die **Shaikh Zayed Grand Mosque** ⓭, kann besichtigt werden.

Herrschende Häupter

*Kennzeichnend für das politische System der V.A.E. ist die Verknüpfung von staatlichen und Stammesstrukturen. Die Herrscher der **sieben Einzelemirate** (Abu Dhabi, Dubai, Sharjah, Ajman, Umm al Quwain, Ras al Khaimah, Fujairah) sind Oberhäupter ihrer weitgehend **autonomen Teilstaaten**. Zugleich sind sie Stammesführer, deren Machtanspruch sich auf dem hierarchischen Aufbau der Stämme und der Loyalität ihrer Mitglieder gründet.*

***Präsident der V.A.E.** und Herrscher Abu Dhabis ist H.H. Shaikh Khalifa bin Zayed al Nahyan, dessen Amtszeit 2004 begann. Er setzt den Kurs seines 2004 verstorbenen Vaters Shaikh Zayed bin Sultan al Nahyan fort. Shaikh Zayed war - sowohl lokal, wie auch international - als Mentor und erster Präsident des 1971 gegründeten Föderationsstaates der Vereinigten Arabischen Emirate hoch angesehen. Zudem war er 38 Jahre lang Herrscher von Abu Dhabi. Kronprinz von Abu Dhabi - und künftiger gesamtemiratischer Präsident - ist Shaikh Khalifas Bruder Shaikh Mohammed bin Zayed al Nahyan. Seit 1966 übt die Dynastie der Al Nahyan in absolutistischer, aber nicht notwendigerweise nachteiliger Manier ihre Herrschaft über Abu Dhabi aus.*

***Vizepräsident** und Premierminister der V.A.E. ist der Herrscher von Dubai, H.H. General Shaikh Mohammed bin Rashid Al Maktoum.*

Zukunftsvisionen

Zwei langfristige Strategien sollen die Zukunft Abu Dhabis vorgeben: die sozio-ökonomisch ausgerichtete, das ganze Land betreffende „UAE Vision 2021" sowie der städtische Struktur- und Entwicklungsplan „Abu Dhabi Economic Vision 2030". Beide sehen vor, dass die Abhängigkeit des Emirats von Öl und Gas deutlich verringert wird und dass die Bevölkerungszahl wesentlich wachsen soll.

Der Stadtplanungsrat hat einen Rahmenplan für die Entwicklung der Landeshauptstadt bis 2030 ausgearbeitet, nach dem die Stadt auf 3 Millionen Einwohner anwachsen soll. Hauptsächlich Arbeitsmigranten überwiegend nichtarabischer Herkunft sollen in der zukünftigen **Greater Abu Dhabi City** wohnen. Um diesen immensen Wohnungsbedarf zu decken, muss die diesbezüglich heute fast ausgereizte Hauptinsel entlastet werden und so plant und baut man die Zukunft auf den natürlichen Inseln sowie auf dem Festland samt Hinterland.

In den zahlreichen, relativ selbstständigen **Wohnquartieren** sind Einzelhandels- und Dienstleistungsstraßen, Gesundheitsinfrastruktur, Bildungsstätten, Sport- und Freizeitzentren sowie Einkaufszentren bzw. Megamalls eingeplant. Viele Areale werden eine **Spezialisierung** aufweisen, so soll Saadiyat (s. S. 74) nicht nur 150.000 Einwohnern Wohnraum bieten, sondern auch eine Kulturinsel sein. Yas (s. S. 76) ist als Sport- und Erlebniszentrum konzipiert und Al Maryah als Börsenhandels- und Finanzdienstleistungs-Eiland (www.almaryahisland.ae). Nicht nur städtebaulich wichtig, sondern von großer innenpolitischer Bedeutung ist der Bau von Villenvierteln für die einheimische Bevölkerung.

Der bisher größte Plan ist der auf dem Festland zwischen den Autobahnen E20 (zum Flughafen und nach Sweihan) und E22 (nach Al Ain) gelegene Stadtteil **Zayed City**. Auf einer Fläche von 45 km² sollen in überwiegend dichter Bauweise Arbeitsplätze und Wohnraum für 300.000 Menschen entstehen. Auch viele Regierungsstellen, Behörden und ausländische Botschaften sollen angesiedelt werden, sodass hier das neue Regierungsviertel Abu Dhabis entsteht.

Ein international bekanntes, bereits 2008 begonnenes Großprojekt ist die **Masdar City**, die als vollkommen CO_2- und abfallneutrale sowie autofreie Stadt in der Stadt konzipiert ist, in deren üppigem Grün rund 45.000 Menschen leben, arbeiten und ihre Freizeit genießen können. Masdar soll als eine Art Testfeld für nachhaltige Energieversorgung und als Motor ökologischer Projekte dienen. Weiterhin ist Masdar als Ort des Wissenschaftstranfers und der Bildungsprojekte konzipiert. Bereits eingeweiht ist das Institute of Science and Technology (www.masdar.ac.ae). 2016 soll das **Abu Dhabi Science Centre** eröffnen, ein interaktiv-experimentelles Wissenschaftsmuseum, das Phänomene und Kuriositäten verschiedener Wissenschaftsbereiche veranschaulicht (www.tdc.gov.ae).

Jenseits von Abu-Dhabi-Stadt, in der Wüste der Western Region, liefert das **Sonnenwärmekraftwerk Shams 1** Strom für ca. 20.000 Haushalte. Bei seiner Inbetriebnahme war es die weltgrößte solarthermische Einzelanlage: Auf einer Fläche von 2,5 Quadratkilometern (entspricht 285 Fußballfeldern) kommen rund 258.000 Solarspiegel zum Einsatz.

Laut den Projektplanern soll Masdar eine Modellmetropole der Zukunft sein. Wasserentsalzung, Sonnenenergie und Elektromobilität sind tragende Teile des Projekts. Doch ob die ökologische Traumoase tatsächlich wie geplant realisiert wird oder sie sich als Luftschloss entpuppt, ist unklar. Meldungen über Bauverzögerungen häufen sich, Energieexperten berichten über Planungsschwächen und zweifeln an der Nachhaltigkeitsstrategie. In den jüngsten, im Zuge der Finanzkrise überarbeiteten Planungsprioritäten scheinen viele Ideen in Frage gestellt. So ist der Aufbau der Wohnstadt nicht mehr als vorrangig erwähnt und Autofreiheit scheint kein zentrales Thema mehr zu sein. Auch das Fertigstellungsdatum wurde von 2016 auf 2025 korrigiert.

Nicht weit entfernt wird **Al Raha** erbaut: Auf einer Länge von 11 km entstehen zwischen Strand und um die Autobahn nach Dubai sowie landeinwärts bis zur Khalifa City 12 Stadtteile, die alle einen eigenen Charakter haben und unterschiedliche Typen von Einwohnern anlocken sol-

len. Auch künstliche Halbinseln und Inseln werden gewonnen. 120.000 Menschen sollen hierherziehen.

Abu Dhabis Zukunftspläne betreffen nicht nur die Städteplanung, sondern formulieren auch Strategien für **eine neue wirtschaftliche Ausrichtung.** Die Wirtschaftsstruktur soll diversifiziert und die Einnahmen aus dem Nicht-Erdöl-Sektor erhöht werden. Großziel ist es, **wirtschaftlich unabhängig von Erdöl und Erdgas** zu werden und den hohen Wohlstand auch in der Zeit nach dem Öl zu halten. Die Befürchtung, dass die Vorräte an fossilen Brennstoffen in absehbarer Zeit erschöpft sein könnten oder dass die Nachfrage auf den Weltmärkten nachlässt, wenn Öl im großen Maßstab durch andere Energieträger ersetzt werden kann, ist groß. Es wird angestrebt, dass der Anteil des Ölsektors am Bruttoinlandsprodukt von derzeit knapp 60 % bis 2030 auf 36 % verringert wird.

⌂ *Ein Bauzaun auf der Insel Saadiyat (s. S. 74) zeigt Zukunftsvisionen*

Zukunftsvisionen

Die **Neuausrichtung der Wirtschaftsstruktur** soll durch Wachstum in den Bereichen Petrochemie, Metallindustrie, Tourismus, Medizintechnik, Verkehr, Handel, Logistik, Bildung, Medien und Finanzdienstleistungen erfolgen. Die meisten der Dienstleistungsbranchen sollen mit einem Fokus auf den Nahen Osten, Industrie und Tourismus mit einer globalen Ausrichtung entwickelt werden. Im Industriesektor geht es darum, Bereiche mit höherer Produktivität und wissensintensive Tätigkeiten aufzubauen. Auch die Errichtung einer der größten Industriezonen der Welt (Kizad) ist geplant. Strategisch wichtig ist der Ausbau des Transportwesens samt Flughafenerweiterung, Metro- und Eisenbahnbau. In puncto Tourismus möchte sich Abu Dhabi mit anspruchsvollen Attraktionen und einer Hotelszene im Premiumsegment etablieren – 2020 sollen sich 15 Millionen Besucher davon überzeugen (2013 kamen 2,8 Millionen).

Abu Dhabi verfolgt eine **exportorientierte Wirtschaftspolitik** und wirbt für mehr ausländische Direktinvestitionen. Um diese Entwicklungen zu tragen, sollen Jugendliche und junge Erwachsene ausgebildet und die Beteiligung von Frauen am Erwerbsleben erhöht werden.

Durch **Highlights im Kultur- und Sportbereich** sowie durch **Vorzeigearchitektur** möchte Abu Dhabi den Bekanntheitsgrad einer Weltstadt erlangen. Damit soll die Stadt nicht nur für Touristen attraktiv werden, sondern auch für die eigene Bevölkerung und die Arbeitsmigranten. Letztere sind für die geplante rasante Entwicklung der Zukunftsmetropole unabdingbar. Nicht nur für den Städtebau, beispielsweise als Bauarbeiter und Dienstleister, werden ausländische Arbeitskräfte angeworben, auch als hochqualifizierte Fachkräfte. Damit diese möglichst lange in Abu Dhabi leben, reicht wirtschaftliche Attraktivität allein nicht aus und so arbeitet man daran, ein liberales, kreatives und tolerantes gesellschaftliches Klima mit einem vielfältigen Kulturleben zu schaffen.

Das **Problem** mit großen Visionen ist, dass sie leicht über die Lippen kommen, doch dass die Realisierung an reale Rahmenbedingungen wie die Finanzlage, das Bevölkerungswachstum und die Politik gebunden ist. Bei der Umsetzung seiner großen Visionen setzt Abu Dhabi zum Teil auf Eigenkapital, jedoch zum Großteil auf Fremdfinanzierung. Mit eigenem Geld sollen ein attraktives infrastrukturelles Angebot geschaffen und Projekte angeschoben werden, die dann mithilfe privater Investitionen zu einem Selbstläufer werden sollen. Doch als Folge der Finanzkrise ist der große Investmentboom am Golf abgeflaut, weder hier noch im Rest der Welt sitzt das Geld dieser Tage allzu locker. Kaufkraft und Investitionsbereitschaft vieler Investoren haben einen deutlichen Dämpfer erlitten. Marktkenner munkeln: Nur weil Abu Dhabi über einen immensen Ölreichtum verfüge, bedeute das noch lange nicht, dass das Emirat keine Liquiditätsprobleme habe – alleine wird es seine Visionen schwer realisieren können. So hat Abu Dhabi seine Zukunftspläne jüngst überarbeitet und man kann gespannt sein, welche Projekte wahr werden und welche sich als Makulatur entpuppen.

> **Weitere Infos** und Download der Abu Dhabi Economic Vision 2030: www.upc.gov.ae; UAE Vision 2021: www.vision2021.ae; zu beiden Plänen siehe auch www.abudhabi.ae

ABU DHABI ENTDECKEN

028ad Abb.: kk

073ad Abb.: fo © tobago77

Hauptinsel

Noch vor wenigen Jahrzehnten – in den Zeiten vor dem Ölboom – standen auf der Hauptinsel nur einige wenige aus Palmwedeln zusammengesteckte Fischerhütten ohne Strom und Kanalisation. Heute erinnert der erste Eindruck eher an Manhattan als an Orient.

Wolkenkratzer mit schimmernden Spiegelglasfassaden, riesige Einkaufszentren und renommierte Luxushotels prägen das Stadtbild. Der Ölreichtum ist allgegenwärtig, neben den Hochhäusern sind vor allem die **Grünanlagen** ein sichtbares Zeichen des Wohlstands. Die einst kahle Insel wurde zu einem grünen Garten, vom unfruchtbaren Wüstenboden ist kaum mehr etwas zu sehen. Den vielen Parks und Grünanlagen verdankt Abu Dhabi zu Recht seinen Beinamen – „Gartenstadt am Golf".

An den Ufern im Nordosten (Shaikh Zayed Bin Sultan St.) und im Südwesten (Al Khaleej al Arabi St.) sowie im Zentrum der Hauptinsel (Airport Rd = Shaikh Rashid bin Saeed al Maktoum St.) führen **Hauptverbindungsstraßen** aufs Festland, aber auch etliche weitere Inseln sind an die Stadt angeschlossen. Die City wird von einem **Gitternetz** aus zwei- bis vierspurigen Straßen durchzogen, die durch begrünte oder mit Denkmälern geschmückte Verkehrskreisel miteinander verbunden sind.

Küstennähe

Ein für Touristen wichtiger Teil Abu Dhabis umfasst die Uferstraße und das angrenzende Stadtzentrum im Nordwesten der Hauptinsel. Hier befinden sich diverse Sehenswürdigkeiten und Einkaufsmöglichkeiten sowie Hotels. Die Uferstraße, die **Corniche** ❶, ist die wichtigste, präch-

⌃ *Die Corniche in der Abenddämmerung*

◁ *Vorseite: Arkadengang in der Shaikh Zayed Grand Mosque* ⓭

tigste und sehenswerteste Straße. Den nordöstlichsten Abschluss der Hauptinsel bildet das Hafenviertel **Al Meena** (s. S. 67), den westlichsten die Halbinsel **Al Ras al Akhdar**. Im Südosten schließt sich das **Geschäftszentrum** an und jenseits des Meeres ist es nicht weit bis zur **Wellenbrecherhalbinsel** (Breakwater, S. 65) und zur **Insel Lulu**. Beide sind künstlich aufgeschüttet und sollen die Uferpromenade vor einer stürmischen Wucht der Wellen schützen.

❶ Corniche ★★★ [F2]

Abu Dhabis Corniche, die Uferstraße, ist knapp sieben Kilometer lang und die auf allen Werbefotos abgebildete Schauseite der Stadt. Sie begrenzt die Insel im Nordwesten – zwischen Meer und Straße liegen Flanierwege, Grünanlagen und Strände.

Zur Inlandseite schließen sich die **Geschäftsareale** um Al Hosn und Al Danah sowie die **Villenstadtteile** Al Khalidiya und Al Khubeirah an. Gläserne, verspiegelte Apartmenthochhäuser und Bürotürme dominieren die **Skyline**. Die meisten Himmelsstürmer beherbergen Regierungsstellen, Banken, Ölgesellschaften, Firmenhauptsitze und Luxushotels oder -apartments.

Am **nordöstliche Ende** der Prachtstraße, Richtung Hafen, befindet sich das Sheraton Abu Dhabi Resort & Towers. Bis 2009 lag das Hotelgebäude direkt am Strand, doch dann wurde Neuland aufgeschüttet und eine Badebucht sowie der Heritage Park angelegt.

Das andere Ende, der Uferbereich vor dem Abzweig zur Wellenbrecherhalbinsel, ist ein **öffentlicher Badestrand**, der **Corniche Public Beach** (s. S. 40) genannt wird. Derzeit dehnt er sich zwischen dem großen Strandparkplatz östlich des markanten Nation Tower und der Mubarak bin Mohammed St. aus, doch zu beiden Seiten sind Bautätigkeiten für Strandweiterungen im Gange. Die Badeareale sind in Zonen eingeteilt. Schilder verkünden die in diesem Bereich der Corniche geltenden Regeln. So ist es z. B. verboten zu campen, Hunde frei laufen zu lassen, auf dem Fußweg Rad zu fahren oder ein Lagerfeuer anzuzünden. Eine eigentümliche Regel lautet, dass sich Männer, die allein unterwegs sind, im Familien- und Frauen-Strandbereich (zwischen Gate 3 auf Höhe der Al Khaleej al Arabi St. und Gate 2 auf Höhe der Al Bateen St.) nicht auf Bänke am Rande des Fußwegs setzen dürfen. Auch darf der Strand stellenweise nicht fotografiert werden. Der Grund ist, dass es immer wieder Beschwerden einheimischer Frauen gab, die sich am Strand beobachtet bis belästigt fühlten. Entlang der Flanierwege, insbesondere an den Eingangstoren zu den Badestränden, lädt eine Vielzahl an **Cafés**, **Imbissen**, **Eisdielen** und **Fruchtsaftshops** zur Rast ein.

Das kurz hinter dem Abzweig zur Wellenbrecherhalbinsel gelegene prunkvolle Emirates Palace Hotel ❷ dominiert das westliche Ende der Corniche. Hinter dem Hotel liegt die **Halbinsel Al Ras al Akhdar**, einst gab es hier nur einen Palast und ruhige Strandstücke, doch auch dieses Fleckchen wird baulich neu gestaltet.

Unterführungen führen Fußgänger von der Seeseite auf die dem Land zugewandte Seite der Uferstraße, zu den einzelnen Bereichen des **Corniche Park**, der durch Landgewinnung dem Meer abgetrotzt wurde und als Stolz der Stadt gilt. Mit gepflasterten Spazier- und Radwegen, schattigen Parkbänken, Skaterbahnen, Wasser-

030ad Abb.: kk

spielen, Brunnen, Blumenbeeten, Irrgärten, Cafeterias, Spielplätzen sowie Seen bietet der Park stadtnahe Erholung für jedermann. Frühmorgens und abends absolvieren Jogger ihr Training, andere fahren Rad oder gleiten auf Inlineskates dahin. Auch die Abendstunden sind eine beliebte Zeit zum Spazieren oder Picknicken – die Corniche ist durch unzählige Laternen hell erleuchtet.

Doch bei aller Schönheit ist die Corniche auch eine sechsspurige **Schnellstraße** und bietet die beste Querverbindung von der nordöstlichen zur südwestlichen Seite der Innenstadt. An beiden Enden beginnen weitere Schnellstraßen, die zum Festland führen. Auch die Shaikh Rashid bin Saeed al Maktoum St. (Airport Road), welche die Uferstraße etwa in ihrer Mitte kreuzt, führt dorthin.

◁ *Auch an der Nordostseite der Hauptinsel lädt ein langgezogener Uferweg – die Eastern Corniche – zum Flanieren ein*

Die Corniche „erfahren"

Die Corniche ❶ kann man nicht nur zu Fuß erkunden, sondern auch mit dem Fahrrad, Gokart oder Elektromobil:

❯ Fun Ride Sports (s. S. 112) verleiht für 30 Dh pro Stunde **Fahrräder**. Entlang der Flanierwege der Corniche wurde ein Radweg angelegt, schattige Bänke, sonnige Strände und eine Vielzahl an Cafés, Imbissen, Eisdielen und Fruchtsaftshops laden zur Rast ein.

❯ Byky verleiht große, erwachsenentaugliche **Gokarts**. Dies ist ideal, wenn man als Familie seinen Spaß haben möchte. Standorte sind beispielsweise beim Hilton Hotel Hiltonia Beachclub sowie auf der Höhe der Mubarak bin Mohammed St., 30 Min. kosten für Familien 40 Dh, als Single 20 Dh, Infos: Tel. 05 8440556, www.q8byky.com.

❯ Vornehmlich entlang des Corniche Public Beach sowie über die Zufahrt zur Wellenbrecherhalbinsel bis zur Marina Mall ❻ fahren kleine, einem Golfcaddy ähnliche Elektromobile, die vier Erwachsene und zwei Kinder befördern können. 1 km kostet 15 Dh, zur Marina Mall kostet es 40 Dh. Die **EZ-Elektromobiltaxis** fahren jeden Tag zwischen 16 Uhr und Mitternacht. Man kann sie heranwinken oder unter Tel. 056 1454242 bestellen.

❷ Emirates Palace Hotel ★★ [A2]

Das Emirates Palace ist mehr als ein Hotel, es ist ein Märchenpalast. Kenner bezeichnen es als die **exquisiteste Herberge** der Welt. Allein schon die Außenansicht des Gebäudes beeindruckt: Die abends aufwendig illuminierte **Fassade** wird von 114 mit Goldintarsien und Mosaiken verzierten Kuppeln gekrönt, die 60 Meter hohe **Zentralkuppel** sprengt sogar die Ausmaße des Petersdoms in Rom. 20.000 Arbeiter brauchten drei Jahre für den Bau des perfekt symmetrischen, 243.000 Quadratmeter großen Kolosses.

Das Luxushotel liegt an einem 1,3 Kilometer(!) langen **Privatstrand** mit eigenem Jachthafen, luxuriösem Spa, zwei Hubschrauberlandeplätzen sowie 6,4 km langen Joggingpfaden – alles eingebettet in eine riesige Parkanlage. 100 Hektar umfasst das gesamte Areal.

◻ *Das Emirates Palace Hotel bietet palastähnlichen Luxus*

Doch noch imposanter ist das Hotel im Inneren: Über eintausend Swarovski-Leuchter erhellen die Pracht der **eleganten Ausstattungsstücke** aus Ebenholz, Seide, Silber und Kristall, die sich in mehr als 100.000 Quadratmeter Marmorfußboden widerspiegeln. Dieser Glanz wird vom allgegenwärtigen Blattgoldüberzug unterstrichen.

Rund **1300 Angestellte** aus 50 Ländern arbeiten im Emirates Palace und verwöhnen die Gäste in den 302 Zimmern und 92 Suiten. Allein 32 Bedienstete sind eigens zum Polieren der Kronleuchterkristalle angestellt, drei Monate dauert eine Polierrunde – dann geht es wieder von vorne los.

Die **Zimmerpreise** variieren, aber wer bei den gängigen Hotelbuchungsportalen im Internet Preise vergleicht und auch noch einen Frühbucherrabatt erwischt, könnte durchaus einen Luxus-Schnäppchenpreis ergattern. Edelstes arabisches Interieur, ausgeklügelte Multimedia-Ausstattung, Privatbalkon und Butlerservice sind selbstverständlich.

032ad Abb.: ep

In diesem Traumpalast kredenzen 120 Köche in **14 Gastronomiebetrieben** mit feinsten Zutaten aus sämtlichen Winkeln der Welt alles, was der Gourmetgaumen wünscht. Unter dem Palastgebäude verbirgt sich ein achtstöckiger Versorgungstrakt. Allein fünf Kilo Blattgold werden jährlich für die Dekoration von Desserts verwendet.

Die reichen und mächtigen Gäste des Prunkpalastes wohnen, abgeschirmt von Sicherheitspersonal, unsichtbar und unnahbar für andere im **Suitentrakt.** Jede Herrscherfamilie der GCC-Staaten kann eine 1200 Quadratmeter riesige „Ruler Suite" ihr Eigen nennen. All dies findet sich auf einer Art Terra incognita im 8. Stock.

Ursprünglich zu einem GCC-Gipfeltreffen erbaut, ist das Emirates Palace auch als bedeutsames Konferenzzentrum mit 40 Tagungsräumen, einem Auditorium für 1100 Zuschauer und einem Festsaal für 2500 Personen bestens ausgestattet. Im Außenbereich werden auf nochmals 10.000 Quadratmetern Veranstaltungen und Empfänge realisiert.

❯ Al Ras al Akhdar, Tel. 6909000, www.emiratespalace.com

❯ **Tipp für Zaungäste:** Es gibt geführte Touren durch das Emirates Palace (Sa.–Do. 10 und 16 Uhr), Anmeldung erbeten unter Tel. 6907108, 100 Dh pro Person, Kinder unter 12 Jahren dürfen nicht mit. Wie in jedem Hotel können die Gastronomiebetriebe auch von Nicht-Hotelgästen besucht werden.

▷ *Die geschwungene Silhouette der Etihad Towers dominiert die Halbinsel Al Ras al Akhdar*

❸ Etihad Towers ★★ [A3]

In diesen fünf geschwungen, in den Himmel ragenden **Hochhäusern** auf der Halbinsel Al Ras al Akhdar kann man wohnen, arbeiten, einkaufen, speisen und im Hotel übernachten –und alles befriedigt die Ansprüche von Luxusliebhabern (www.etihadtowers.com). **Avenue at Etihad Towers** (s. S. 19) bietet hochpreisige Einkaufsgelegenheiten und auch die Wolkenkratzer bieten 12 Restaurants, in denen man exquisit speisen kann. Ein **Hotel** der Luxusklasse ist das Jumeirah At Etihad Towers (s. S. 124).

Aus dem Tower 2 kann man vom **Aussichtscafé** in der 74. Etage den Blick über die Stadt – vornehmlich über die Küste entlang der Corniche ❶ – schweifen lassen:

●**80** [A3] Observation Deck at 300, Al Ras al Akhdar, Etihad Towers, Tower 2, Tel. 8115666, geöffnet: 10–18 Uhr, Eintritt: 75 Dh (50 Dh anrechenbar auf Speisen und Getränke)

031ad Abb.: KK

❹ Al Bateen ★ [C5]

Der üppig begrünte **Villenstadt-teil** Al Bateen liegt am Kanal Khor al Bateen im Südwesten der Hauptinsel. An der Küste reihen sich prächtige Paläste der Herrscherfamilie aneinander.

Herzstück ist der Fischereihafen **Marina al Bateen.** Hier entsteht die Al Bateen Wharf, ein Wohn- und Freizeitgelände mit Strandpromenade, Apartments, Restaurants, Cafés und Hotel (Infos: www.tdic.ae).

Am Ufer – leider hinter einem hohen Zaun versteckt – befindet sich eine kleine **Dhau-Werft,** hier werden kleinere Modelle der traditionellen arabischen Holzboote gefertigt. Größere, hochseetaugliche Dhaus kann man im Dhau-Hafen ❽ bestaunen.

Auch einen **öffentlichen Badestrand** (s. S. 39) bietet Al Bateen. Für Jogger und Radfahrer interessant ist der markierte **Jogging- und Radweg** entlang der Al Bateen St.

❺ Shaikh Zayed Centre ★★ [B5]

Das Zayed Centre for Studies and Research birgt eine **Ausstellung** zu Ehren von Shaikh Zayed bin Sultan al Nahyan, dem Staatsgründer der V.A.E. und Vater des heutigen Präsidenten, der 2004 verstorben ist.

Der Komplex gleicht einem traditionellen Dorf aus mehreren Häusern. Man bekommt zum einen Einblick in das Leben des als „Vater der Nation" geliebten Shaikh Zayed und zum anderen auch in die politische und gesellschaftliche **Historie Abu Dhabis.** Neben der Fotogalerie sind vor allem Gegenstände wie Fahrzeuge und Gastgeschenke aus aller Welt ausgestellt. Die Tage dieser Ausstellung könnten allerdings gezählt sein, denn auf Saadiyat (s. S. 74) entsteht voraussichtlich bis 2017 der riesige, ar-

chitektonisch einmalige **Neubau** eines Nationalmuseums als Hommage an Shaikh Zayed (www.zayednational museum.ae).

❯ Zayed Centre for Studies and Research, Marina Al Bateen, Tel. 6659555, www. torath.ae, geöffnet: So.–Do. 8–15 Uhr, Eintritt: frei

Wellenbrecherhalbinsel (Breakwater)

Dem südwestlichen Teil der Corniche❶ ist eine Wellenbrecherhalbinsel vorgelagert, die Schutz vor tosenden Wellen bieten soll. Alle weiteren Sehenswürdigkeiten mal außen vor gelassen, bietet sich von Breakwater auch ein unschlagbarer Blick auf die Skyline der Stadt.

Kurz bevor die Corniche das – unübersehbare – Emirates Palace Hotel❷ erreicht, zweigt eine Straße auf die Wellenbrecherhalbinsel ab, wo man als Erstes die **Marina Mall**❻ sieht. Biegt man auf die einzige nach rechts führende Straße ab, so führt diese vorbei am Abu Dhabi International Marine Sports Club samt kleinem Hafen zum Ende der Wellenbrecherhalbinsel, vorbei am **Heritage Village**❼, wo sich das runde Gebäude des Nationaltheaters und eine riesige Flagge der V.A.E. befinden.

❯ Ab der Corniche Public Beach (s. S. 40) fahren EZ-Elektromobiltaxis zur Marina Mall ❻ und auch zurück.

❻ Marina Mall ★★ [B1]

Diese gut besuchte, zeltdachgekrönte Mall bietet rund **400 Geschäfte,** 48 Restaurants und Cafés, einen Foodcourt, einen Carrefour Hypermarket, das Bowling Village, das Kinderspielzentrum Fun City und VOX-Kinos (Erweiterungsarbeiten sind im Gange). Einer der kühlsten Orte der

Islamische Kunstschätze im Miraj Islamic Centre

Am Ufer der Wellenbrecherhalbinsel findet sich in einer Villa eine Ausstellung mit beeindruckenden Kunst- und Handwerksgütern aus allen Teilen der islamischen Welt – z. B. Miniaturmalereien, Seidentücher, Kalligraphien, Schmuck und Dekogegenstände.

🚌81 [A1] **Miraj Islamic Centre**, Breakwater, Marina Office Park Villa 14B, Tel. 6505830, geöffnet: 9.30 – 19 Uhr

Stadt findet sich ebenfalls hier: die **Eislaufbahn** (40 Dh/Std.). Auch eine Skihalle gibt es seit Jahren, sie wurde jedoch immer noch nicht eröffnet. In ihrem ca. 100 Meter hohen **Aussichtsturm** beherbergt die Marina Mall das **Colombiano Coffee House** (s. S. 31) und das Restaurant **Tiara** (s. S. 30), welche – zusätzlich zu Speis und Trank – einen herrlichen Blick auf die Wellenbrecherhalbinsel, die Corniche ➊ und das Emirates Palace Hotel ➋ bieten. An der Mall kann man in den **Big Bus** (s. S. 115) zur Stadtbesichtigung steigen, am Haupteingang gibt es einen Infoschalter. An der Rückseite der Mall findet sich auch ein **Kundenzentrum des Department of Transport** – alle die viel Bus fahren, bekommen hier Informationen und Fahrpläne.

Neben der Mall befindet sich der Abu Dhabi International Marine Sports Club samt Café am Bootshafen, hinter der Mall dehnt sich eine Siedlung mit Strandvillen aus.

❯ Breakwater, www.marinamall.ae, Tel. 6812310, Geschäfte geöffnet: Sa.–Mi. 10–22, Fr. 14–23 Uhr, Supermarkt, Fun City, Ice Rink, Bowling Village z. T. längere Öffnungszeiten

➐ **Heritage Village** ★★ [C2]

Auf der aufgeschütteten Wellenbrecherhalbinsel wird in anschaulicher Weise das Leben in Abu Dhabi in der Zeit vor dem Ölboom dargestellt. Ein wuchtiges, von Festungstürmen flankiertes Holztor bietet Zugang. Innen stehen zu einem Dorf arrangierte **traditionelle Behausungen:** Beduinenzelte aus Ziegenhaar, Hütten aus Palmwedeln und Häuser aus Steinen, die mit Gegenständen des Alltagslebens bestückt sind. Interessant sind die Palmwedelhütten (arab. *bajeel*), die mit einer Segeltuch-Windturmkonstruktion versehen sind, durch die ein Luftzug den Wohnraum durchströmen kann.

Wasserkanäle (arab. *falaj*) und Ziehbrunnen zeigen die Mühe, die die Landbevölkerung hatte, um an das wenige Wasser zu kommen, und Modelle von Grabbauten veranschaulichen den Umgang mit dem Tod.

Zudem wurde ein kleines **Fort nachgebaut** und als Museum eingerichtet. Hier sind traditioneller Schmuck, Kleidungsstücke, Waffen, Beduinenwerkzeuge, Fischerei- und Perlentaucherutensilien ausgestellt. Eindrucksvoll sind die historischen Fotos, die das bescheidene Beduinen-, Bauern- und Fischerleben, das nur eine Generation zurückliegt, illustrieren. Am Strand befinden sich einige alte Fischerboote.

Bei Touristen beliebt ist auch der kleine **Souq**, hier werden **Souvenirs** und **Handarbeiten** verkauft. Gelegentlich demonstrieren Handwerker oder auch emiratische Damen verschiedene Hand- bzw. Hausarbeiten wie Hennamalerei, Töpferei, Palmwedelflechterei oder Weberei.

Für eine Pause gut geeignet sind das kleine Strandstück und das Wiesenstück am Kinderspielplatz. Zu-

071ad Abb.: kk

dem kann man im **Al Asalah Coffee Shop and Restaurant** (s. S. 30) einkehren.

> Breakwater, Tel. 6814455, www.torath.ae, geöffnet: Sa.–Do. 9–17, Fr. 15.30–21 Uhr, Eintritt: frei

Al Meena (Hafenviertel)

Das Hafenviertel Al Meena beim Zayed-Hafen bildet den nordöstlichsten Zipfel der Hauptinsel. Hier sind die sonst so typischen Attribute Abu Dhabis Luxus und Lifestyle ganz weit weg, denn hier dreht sich alles um den Seehandel – zumindest im Moment noch ...

Das **Hafenviertel** ist am einfachsten über die Corniche ❶ zu erreichen, die Richtung Nordosten dorthin führt. Vom Hafen kann man über den Shaikh Khalifa Bin Zayed al Nahyan Highway (E12) weiter auf die Inseln Saadiyat (s. S. 74) und Yas (s. S. 76) fahren.

Port Zayed wird nach und nach zu einem Kreuzfahrtschiffterminal um-

gestaltet, denn Hafenanlagen, Kräne und Lagerhallen trüben nach Meinung der Herrscherfamilie den Anblick auf die im Bau befindlichen musealen Highlights der Insel Saadiyat (s. S. 74). Der Containerbetrieb wird nach und nach vom 2012 eröffneten Port Khalifa (etwa auf halbem Weg nach Dubai gelegen) übernommen.

Außer dem Dhau-Hafen und dem Fischmarkt gibt es im Hafen-Areal noch verschiedene Märkte, die auf Besucher warten. An einem Kai befinden sich zum Beispiel die diversen Geschäfte und Marktstände des Meena Market. Etwas weiter weg, am nordwestlichen Ende des Lagerhallenareals, findet sich der aus verschiedenen Geschäften mit Waren des alltäglichen Bedarfs bestehende **New Meena Market** (s. S. 21).

⌃ *„Hoch zu Ross" – Kinderreiten im Heritage Village*

Der **Carpet Market** (s. S. 20) liegt kurz vor der Shaikh Khalifa Bridge, hier bieten rund 55 Geschäfte Teppiche aller Farben und Qualitäten – von Auslegeware bis zu handgeknüpften Einzelstücken. Zwischendrin gibt es auch Möbel, Matratzen und arabische Sitzkissen.

❽ Dhau-Hafen, Fischmarkt und Meena Market ★★ [I1]

An der Einfahrt zum Dhau-Hafen vereinigen sich zahlreiche Geschäfte und Verkaufsbuden um ein Hafenbecken zum **Meena Market.** Hier bieten vornehmlich iranische Händler Haushaltswaren und Küchenzubehör der preisgünstigen Art feil. Auch Pflanzen finden sich im Sortiment.

Der Kai im Westen des Hafens ist den traditionellen **hölzernen Booten**, den **Dhaus**, vorbehalten. Es gibt sie in verschiedenen Formen und Größen, vom Fischerboot bis zum Frachtschiff. Große, hochseetüchtige Dhaus schippern Waren in den Iran, nach Indien, Pakistan, Bahrain, in den Oman, nach Dschibuti, Somalia und Kenia.

Trotz der Existenz moderner Containerschiffe hat der Überseehandel mit Dhaus immer noch eine bedeutende Rolle.

Die traditionellen arabischen Holz-Dhaus sind einer der **ältesten Schiffstypen** und sie werden seit Jahrhunderten von geschickten Seefahrern und berühmten Navigatoren über die Weltmeere gefahren. Von den Küsten der Arabischen Halbinsel segelten arabische Seeleute bereits im 8. Jh. allen Stürmen, Piraten und sonstigen Gefahren zum Trotz bis nach China. Diese frühen Dhaus wurden ohne jegliches Metall, also auch ohne Nägel, konstruiert. Die Planken wurden mit in Öl eingeweichten und gedrehten Kokosnussfasersträngen regelrecht „zusammengenäht". Ein in dieser Bauweise genähtes Schiff hatte den Vorteil, dass es flexibler war, Stöße gegen Riffe geschmeidig abfing und

◹ *Am Dhau-Hafen ankern die traditionellen Holzschiffe*

nicht auseinanderbrechen konnte. Zu der Zeit, als die Perlenindustrie ihren wirtschaftlichen Höhepunkt erreichte, war der Bootsbau die bedeutendste Industrie des südlichen Golfs.

Wer auch mal mit einem solchen Holzboot fahren möchte: Abends starten vom Kai des Dhau-Hafens hell erleuchtete Dhaus zur **Dinnercruise** und schippern zwischen der Insel Lulu, der Wellenbrecherhalbinsel und der Uferstraße umher (z. B. Al Dhafra, s. S. 28).

In der **Fischmarkthalle** herrscht jeden Vormittag reger Betrieb (täglich ca. 5–13 Uhr geöffnet). Fangfrisch und auf Eis gelegt wird die Vielfalt der Golfgewässer zum Verkauf präsentiert. Das Sortiment umfasst sowohl Shrimps als auch kleine Haie. Am Rand der Markthalle (hinter dem Haupteingang links) bieten kleine Grillimbisse frisch gegrillte Fische an, diese sind ein doppelter Genuss, denn sie sind köstlich und preiswert.

Stadtzentrum

Das Stadtzentrum Abu Dhabis schließt sich im Landesinneren an die Corniche ❶ *an. Es umfasst die Stadtteile Al Danah und Al Zahiyah, Al Hosn, Al Manhal und Al Khalidiyah. Die mehrgeschossigen Hochhäuser – mehrheitlich weniger ansehnlich aber dafür funktional – beherbergen im Erdgeschoss Geschäfte, Hotels, Büros und Restaurants und in den Obergeschossen Wohnungen.*

Die zwei geschäftigsten Straßen sind die **Hamdan bin Mohammed St.** (auch Hamdan St. genannt) und die **Zayed the First St.** (oft Electra St. genannt). Doch nicht nur entlang den Hauptstraßen, sondern auch in den Häuserblocks dazwischen tobt das Innenstadtleben.

Auch das älteste Gebäude der Stadt, das **Al Hosn Fort** ❿, steht mitten im Stadtzentrum. Von Weitem sichtbar ist der schlanke, verspiegelte Turm des World Trade Center, zu dessen Füßen sich der **WTC Souq** ❾ duckt.

Der mit Rasenflächen begrünte und mit Blumenbeeten dekorierte **Al Etihad Square** [F2] („Platz der Vereinigung") liegt in der Shaikh Rashid bin Saeed al Maktoum St. – die meist Airport Rd. genannt wird, weil sie die beste Verbindung zum Flughafen bietet – nahe der Corniche, dem WTC Souq ❾ und dem Al Hosn Fort ❿. Überdimensionale, weiße Skulpturen dominieren den von Verkehr umströmten Platz und sie werden gerne fotografiert: Zu sehen sind ein Rosenwasserflakon, eine Schnabelkanne, ein Weihrauchbrenner, ein Wehrturm, ein Schutzschild und eine Kanone.

❾ WTC Souq ★ ★ ★ [F2]

In Abu Dhabis World Trade Center (WTC) vereinen sich Tradition und Moderne sowie regionales und internationales Geschäftsleben. Auch Hochhausfunkeln und Holzornamentik liegen hier dicht beieinander. Für Touristen lohnt der Besuch des WTC Souq, der im Volksmund auch als Central Market bekannt ist. Dieses neo-arabische Marktareal wurde ins Innere eines – klimatisierten – riesigen Marktgebäudes verlegt, welches zwischen zwei von den Stararchitekten Foster & Partners entworfenen Hochhaus-Himmelsstürmern platziert wurde.

Das WTC-Großprojekt ist teilweise noch in Bau, aber der Souq ist eröffnet. Rund 250 im Marktgebäude angesiedelte Geschäfte bieten orientalische Vielfalt. Überwiegend regionale und traditionelle Produkte wie Klei-

035ad Abb.: KK

dung, Handwerksartikel, Parfüm oder Goldschmuck werden verkauft. Die Preise variieren von günstigen Souvenirs bis zu edlen Unikaten.

Mit einem historisch gewachsenen orientalischen Markt hat der WTC Souq allerdings nur den historischen Standort gemeinsam. Es handelt sich um eine für Abu Dhabi typische **Neuinterpretation eines Souqs**, errichtet an der Stelle, an der ab den 1960er-Jahren der alte Souq stand. Traditionelle Architektur und Stilelemente verbinden sich hier in einmaliger Weise mit modernem Design. Die meisten Geschäfte öffnen von 10 bis 22 Uhr (z. T. mit Mittagspause, freitagsvormittags haben die meisten geschlossen).

△ *Der WTC Souq ist ein riesiges neo-arabisches Einkaufszentrum an einem historischen Marktstandort*

Im WTC Souq kann man auch **schön und gut speisen** (mittleres Preisniveau): Es finden sich etliche Cafés und Restaurants zum Verweilen. Viele gruppieren sich um ein Zentralatrium. Manche haben eine Dachterrasse – der Ausblick auf die riesige, mit Holzornamenten verzierte Markthalle ist beeindruckend.

Über die Khalifa Bin Zayed The First St. verbindet die Khalifa Bridge den WTC Souq mit der **WTC Mall** (s. S. 20). Auf fünf Etagen bietet diese Mall mehr als 160 Geschäfte mit hochpreisiger Ware und Designermode.

Zum World Trade Center gehören zudem noch **Büros und Businesseinrichtungen, Apartments und Penthäuser** sowie ein **Hotel** (Courtyard by Marriott WTC).

❯ WTC Souq, Al Danah, Shaikh Rashid bin Saeed al Maktoum St. Ecke Hamdan bin Mohammed St., Tel. 8007814, www.wtcad.ae

🔟 Al Hosn Fort ★ [E3]

Dieses inmitten der Hochhäuser stehende weiß getünchte Fort ist das älteste Gebäude der Stadt und das einzige historische Bauwerk überhaupt. Das Fort hat **kulturhistorische Wichtigkeit**, weil es die Gründung Abu Dhabis durch den Bani-Yas-Stamm bekundet (s. S. 48).

Derzeit wird das Fort renoviert und zusammen mit dem es umgebenden Areal zu einem **Museum** ausgebaut. Von der Hamdan bin Mohammed St. kann man das Fort durch den Bauzaun erblicken.

Ab der Mitte des 18. Jahrhunderts stand hier ein Turm, der zur Bewachung einer Süßwasserquelle diente. Diese Quelle wurde vom Beduinenstamm Bani Yas aus Liwa bei einem Jagdausflug entdeckt, als eine Gazelle hierher lief. Ab 1793 wurde der Turm zum Fort ausgebaut, als Shaikh Shakhbout bin Dhiyab mit Stammesangehörigen von Liwa auf die Insel zog und somit Abu Dhabi gründete.

Die Festung diente bis 1966 fast zweihundert Jahre lang als befestigter **Wohnpalast** der Herrscher von Abu Dhabi. Danach wurde sie 24 Jahre lang als **Verwaltungsgebäude** und anschließend als historisches **Dokumentationszentrum** genutzt.

❯ Al Hosn, Hamdan bin Mohammed St., www.visitabudhabi.ae. Ende Februar findet rund um das Fort alljährlich das 10-tägige Kulturfestival Qasr al Hosn statt (s. S. 41).

⓫ Madinat Zayed Shopping Centre & Gold Centre ★ [G3]

Das mit einer Kuppel gekrönte und von Arkaden gesäumte Einkaufszentrum beherbergt über 460 Geschäfte mit einem breiten Sortiment in mittlerer Preislage. Traditionelle Bekleidung, arabische Duftstoffe und Brautmoden finden sich ebenso wie Waren des Alltagsbedarfs. Das angeschlossene **Gold Centre** bietet über 70 Goldschmuck- und Juwelierläden. Zudem gibt es einen Lulu Hypermarket.

❯ Al Danah, Sultan Bin Zayed The First St., www.madinatzayed-mall.com, Tel. 6333311, Geschäfte geöffnet: Sa.–Fr. 9–23 Uhr

⓬ Women's Handicraft & Heritage Centre ★★ [cn]

Dieses **Handwerkskunstzentrum von und für Frauen** wird von der Vereinigung der emiratischen Frauenunion geführt und bietet emiratischen Frauen die Gelegenheit, traditionelles Handwerk zu erlernen und ihre Produkte zu vermarkten.

Besucher sind willkommen (nicht nur Frauen, auch Männer), denn nicht nur die Förderung, sondern auch die Präsentation der landeseigenen Traditionen sind Ziele des Zentrums. Eine **Ausstellung** veranschaulicht Aspekte des emiratischen Kulturerbes – z. B. Handwerk, Wohneinrichtung, Fischerei, Bekleidung.

Die **Werkstätten** sind in kleinen Häuschen untergebracht, die sich um einen schattigen Innenhof gruppieren. Hier werden beispielsweise Souvenirs und Kleidungsstücke hergestellt. In einem großen klimatisierten Zelt kann man manche der hier sowie in Heimarbeit gefertigten Produkte kaufen. Interessant sind das Silberfadensticken, Klöppeln, Weben und Palmfaserflechten. Besucher können den Damen ein wenig über die Schulter schauen. Bitte beim Eintreten um Erlaubnis fragen und die Schuhe ausziehen.

Ferner werden Koch-, Computer- und Fotokurse, Gesundheitsberatung, Kinderbetreuung und vieles mehr angeboten. Ein **Café** lädt zudem zur Pause ein.

❯ Al Mushrif, Al Karamah St. neben den Royal Stables, Tel. 4476645, www. gwu.ae, geöffnet: So.–Do. 9–12 Uhr, Eintritt: 5 Dh

⓭ Shaikh Zayed Grand Mosque ★★★ [fo]

Das südöstlichste Ende der Hauptinsel Abu Dhabis ist quasi nur einen Steinwurf vom Festland entfernt. Der Kanal Khor al Maqtaa trennt beide Areale, die drei Brücken Shaikh Zayed, Maqtaa und Musaffah stellen wiederum ihre Verbindungen dar. Dieser Teil der Stadt wird von der Shaikh Zayed Grand Mosque dominiert – und diese darf auch von Touristen besichtigt werden, was unbedingt empfehlenswert ist!

036ad Abb.: kk

Die vier schlanken Minarette der Moschee ragen 107 Meter hoch in den Himmel. 1096 Außensäulen tragen das mit 82 Kuppeln gekrönte und mit weißem Marmor verkleidete Gebäude. Nicht nur am Tag kann man über diesen Anblick staunen, abends wird der Prachtbau raffiniert illuminiert und spiegelt sich in Wasserbecken.

Mit 22.412 m² ist sie die **drittgrößte Moschee der Welt** und mit ihrer prunkvollen Ausstattung auch eine der herrlichsten. Shaikh Zayed bin Sultan al Nahyan, der Staatsgründer der V.A.E. und Vater des heutigen Präsidenten, iniitierte den Bau, doch er starb noch vor der Fertigstellung. Shaikh Zayed wird auch heute noch hoch geschätzt, er ist in einem Mausoleum auf dem Moscheegelände bestattet.

⌂ *Vier Minarette und 82 Kuppeln krönen die Shaikh Zayed Grand Mosque*

Das **majestätische Gebetshaus** vereint traditionelle und moderne Architekturelemente sowie solche verschiedener muslimischer Länder. Edelste Materialien aus aller Welt verleihen ihm einen außergewöhnlichen Glanz. So sind in die mehr als 20.000 Marmorplatten, welche die Säulen und Arkadenbögen im Außenbereich verkleiden, Muster aus Perlmutt und Halbedelstein eingearbeitet. Weißer Marmor dominiert auch die Innenwände und Gebetshallen – hier sind vielfarbige Blumenmuster als Intarsien eingelassen. Goldglasmosaike lockern Wandflächen auf und goldfarbene Ornamente ranken sich über Bögen, Kuppeln und Kapitelle. Bemalte Glasfenster leiten farbiges Licht ins Innere. Doch auch wenn das Design der Teppiche farbigfloral ist, so wirken die Gebetsräume nicht überladen, sondern edel.

Die Hauptgebetshalle ist besonders opulent ausgestattet und bricht zudem Rekorde: Bei der Eröffnung der Moschee war der dortige Teppich der größte handgeknüpfte Teppich der Welt – er bedeckt 5700 m². Und auch der Kristallkronleuchter erreichte mit 10 m im Durchmesser, 9 m Höhe und 9,5 t Gewicht Weltrekordmaße. Eher unauffällig wurde die in Gebetsrichtung nach Mekka weisende Wand gestaltet: Auf ihr stehen in traditionell-kufischem Kalligrafiestil die 99 Namen Allahs. Sie werden durch spezielle Lichteffekte sichtbar. Die Gebetsnische in der Wandmitte ist mit Blattgold und Goldglasmosaiken bordiert. Über 7000 Betende finden in diesem Hauptraum Platz, die gesamte Moschee fasst 41.000 Menschen.

Die Shaikh Zayed Grand Mosque ist eine der wenigen des Landes, die auch von Nicht-Muslimen besucht werden darf. Beim **Besuch** sollten alle – Männer wie auch Frauen – allerdings **gebührlich gekleidet** sein. Herren bitte Knie und Schultern bedecken. Frauen sollten Arme und Beine bekleiden und ein Kopftuch tragen. Wer nicht entsprechend gekleidet ist, bekommt kostenlos Kleidungsstücke ausgeliehen: Frauen schwarze Abaya-Umhänge und Kopftücher und Männer weiße, bodenlange Hemden. Vor dem Gebetsraum müssen die Schuhe ausgezogen werden und innen dürfen Wand- und Säulenschmuck nicht berührt werden. Es wäre unangemessen – und es ist daher auch untersagt – zu essen, zu trinken oder zu rauchen. Paare sollten außerdem darauf verzichten, Händchen zu halten und sich zu küssen. Die Betenden sollten nicht gestört werden und Nicht-Muslime sollten die ausliegenden Koranbücher nicht berühren.

❯ Al Maqtaa, Eastern Ring Rd, Tel. 4191919, www.szgmc.ae. Das Sheikh Zayed Grand Mosque Center (SZGMC) veranstaltet täglich kostenlose eng-

lischsprachige Führungen für maximal 10 Personen (ohne Voranmeldung): So.–Do. 10, 11, 17, Fr. 17, 19, Sa. 10, 11, 14, 17, 19 Uhr, Dauer: ca. 45 Min. Der Treffpunkt ist an der Ostseite der Moschee ausgeschildert. Sa.–Do. 9–22, Fr. 16.30–23 Uhr können nichtmuslimische Touristen Teile der Moschee auch ohne Führung besuchen.

❯ Fotos und Videos sind nur als Urlaubserinnerung gestattet.

⌃ *Den Innenhof der Moschee zieren florale Motive*

Stadtnahe Inseln

Immer mehr der kleinen, im letzten Millennium noch unbewohnten Inseln rund um die Hauptinsel werden städtebaulich erschlossen. Nicht nur Wohnviertel samt dazugehöriger Infrastruktur entstehen, sondern auch Freizeiteinrichtungen und Touristenattraktionen, welche die Prädikate „modern", „futuristisch" und „außergewöhnlich" verdienen.

Besuchern viel zu bieten haben die durch den Shaikh Khalifa Bin Zayed al Nahyan Highway (E12) verbundenen Inseln **Saadiyat** (s. S. 74) und **Yas** (s. S. 76). Insbesondere hohe Ansprüche und ausgefallene Interessen sollen hier befriedigt werden, auch wenn die Bebauung auf beiden Eilanden noch ein paar Jahre in vollem Gange sein wird. Auch **andere Inseln** wie Al Reem werden eifrig ausgebaut, doch werden diese nur vereinzelte Touristenattraktionen bieten.

› Infos zu Tourismus- und Bauprojekten: www.tdic.ae, www.aldar.com

Saadiyat

Die 27 km² große Insel Saadiyat – der Name bedeutet übersetzt „Die Glückliche" – bietet schon heute etliche Resortanlagen sowie ein paar Kultureinrichtungen. Das Eiland befindet sich im Osten der Hauptinsel hinter dem Hafenviertel (s. S. 67) und der Shaikh-Khalifa-Brücke.

Die Glücksinsel hat internationales Augenmerk auf sich gezogen, weil im derzeit im Bau befindlichen Herzstück der Insel, dem **Cultural District**, Dependencen der weltberühmten Museen Louvre und Guggenheim Besucher aus aller Welt anziehen sollen. Für Ende 2015 bzw. 2017 sind die Eröffnungen geplant. Die Museen sollen nicht nur durch die Hochkarätigkeit ihrer Ausstellungen sondern auch als architektonisch einmalige Wahrzeichen Abu Dhabis Rang als global bedeutsame Kulturmetropole manifestieren. Unter einer speziellen lichtdurchlässigen Kuppel mit 180 m Durchmesser wird der **Louvre** klassische Kunst präsentieren. Das **Guggenheim** soll durch Logo-Architektur bestechen: Geometrisch geformte Raumteile sind miteinander verschachtelt und beherbergen moderne Kunst.

Auch das **Shaikh Zayed National Museum** (Infos: www.zayednational museum.ae) soll einmalig werden und das Leben des Shaikh Zayed, die Landesgeschichte und die emiratische Nationalidentität thematisieren. Das stählerne Gebäude wird in Form von Falkenflügelspitzen errichtet, die Eröffnung ist für 2016 erwartet. Voll und ganz dem Thema dieser Insel – Kultur – soll auch das geplante **Performing Arts Centre** mit Konzert- und

Schildkrötenschutz auf Saadiyat

*Wo sich der Mensch ansiedelt, hat die Natur oft das Nachsehen, so auch auf der Insel Saadiyat, wo die vom Aussterben bedrohten **Karettschildkröten** die Dünen des Strandes als Nistplatz nutzen. Doch die für die meisten Bauprojekte auf Saadiyat verantwortliche Tourism Development & Investment Company (TDIC) hat ein am Arabischen Golf einzigartiges Arterhaltungsprogramm entwickelt. Das TDIC hat bei der gesamten Entwicklung von Saadiyat Island **Nachhaltigkeitsprinzipien** implementiert. Am Strand wurde eine ca. 60 m breite Pufferzone errichtet, die eine schützende Grenze zwischen Hotels, Strandklubs, Baustellen und dem Nest-Strand im Saadiyat-Dünenschutzgebiet bildet.*

*Mitarbeiter von Tourismusbetrieben in Strandlage werden im Schildkrötenschutz geschult, Broschüren informieren Hotelgäste, welche **Verhaltensregeln** zu beachten sind. Selbstredend sollen Tiere bei der Eiablage - etwa ab*

Anfang Juni - in Ruhe gelassen werden! Circa 50 bis 70 Tage nach der Eiablage schlüpfen die Jungtiere, dann sollte man abends und nachts nicht an den Strand gehen, die Vorhänge von seeseitigen Zimmern schließen und das Licht auf dem Balkon ausschalten, wenn man sich nicht dort aufhält. Die schlüpfenden Babyschildkröten orientieren sich auf ihrem Weg ins Meer an Lichtschimmern und künstliche Lichtquellen könnten sie irritieren und fehlleiten. Die Schildkrötennester, die je 80 bis 100 Eier enthalten, sind markiert. Strandbesucher sollten nicht zu nah herangehen, insbesondere wenn die Schildkrötenbabys schlüpfen. Bitte auch keine Babyschildkröten ins Meer tragen. In die falsche Richtung krabbelnde Schildkröten sollte man einfach nur in die richtige Richtung drehen.

Weibliche Schildkröten kommen übrigens immer wieder zur Eiablage an den Strand, an dem sie selbst geschlüpft sind.

Theatersälen und Oper verschrieben sein. Seine Baugestalt erinnert an die mikroskopische Ansicht von Pflanzenfasern. Ebenfalls in Planung ist ein der Seefahrertradition verschriebenes **Maritime Museum.**

Bereits eröffnet sind das **Kunstzentrum Manarat Al Saadiyat** (s. S. 37) und der auffällig in Form von wogenden Sanddünen designte **UAE Pavilion** als Veranstaltungsorte für wechselnde Ausstellungen und Events.

Neben dem Cultural District hat Saadiyat weitere Distrikte zu bieten: Der touristische Hotspot soll der Beach Dictrict mit seinem 9 km langen Sandstrand werden, zudem gibt

es diverse Wohngebiete vornehmlich mit Villen und Apartmenthäusern, die aber größtenteils noch im Bau sind. 160.000 Menschen sollen zukünftig auf Saadiyat wohnen. **Saadiyat Promenade** heißt ein Freizeit-, Einkaufs- und Gastronomieviertel, in dem 2017 über 550 Geschäfte und Gastronomiebetriebe eröffnen sollen. In Saadiyat Lagoons wird ein Lagunenareal in ein Luxuswohngebiet integriert.

> Infos: www.saadiyat.ae,
   www.saadiyatculturaldistrict.ae

◁ *Modell des Louvre Abu Dhabi Museums, das Ende 2015 eröffnen soll*

EXTRATIPP

Die Geschichte der Glücksinsel – The Saadiyat Story

Die **Dauerausstellung** „The Saadiyat Story" im Kunstzentrum Manarat Al Saadiyat (s. S. 37) präsentiert interaktiv die Geschichte der Insel und und veranschaulicht mit moderner Ausstellungstechnik die Zukunftsvisionen, die in den nächsten Jahren realisiert werden sollen. Für eine gastronomische Pause bietet sich das Restaurant Fanr (s. S. 29) an.

⑭ Saadiyat Beach ★★★   **[dk]**

Im Nordwesten der Insel gibt es einen ca. 9 Kilometer langen herrlichen Dünensandstrand, der gleichzeitig ein Naturschutzgebiet und ein Schildkrötennistplatz ist. Um die empfindliche Vegetation der ca. 50 m breiten Dünenzone zu schützen, wurden Holzstege errichtet, über die man zum Wasser gehen kann.

Einige **Hotelresorts** bieten hier Unterkunft für Besucher und einen Hotelstrand an (z. B. Park Hyatt Saadiyat Island, The St. Regis Saadiyat Island Resort, s. S. 124) – weitere werden in nächster Zeit folgen. Auch wer nicht Gast eines dieser Hotels ist, kann gegen eine Tagesgebühr deren Strand nutzen. Ein sehr schöner **öffentlicher Strand** (s. S. 40) befindet sich neben dem Park Hyatt Saadiyat Island Hotel. Er bietet allerlei Annehmlichkeiten für einen Strandbesuch. Man kann auch als Tagesgast in den **Saadiyat Beach Club** (s. S. 40) gehen – hier kann man auch erstklassig speisen oder einen Drink zum Sonnenuntergang genießen.

Mit Glück können Strandbesucher beobachten, wie **Delfine** im Wasser ihre Runden ziehen. Hinter dem Strand und den Hotels schlängelt sich der **Saadiyat Beach Golf Club** entlang.

Yas

Hinter Saadiyat, erreichbar über den Shaikh Khalifa Bin Zayed al Nahyan Highway (E12) Richtung Festland, befindet sich die ca. 25 Quadratkilometer große Insel Yas. Auch hier empfangen bereits etliche Hotels Gäste – am auffälligsten ist darunter das Yas Viceroy Abu Dhabi (s. S. 125) mit seiner futuristischen Form und den abendlichen Beleuchtungseffekten.

Die hiesigen Attraktionen sind weniger kultureller Art, sondern lassen sich unter dem Motto „**Sport und Spaß**" zusammenfassen.

Im Südwesten der Insel befindet sich ein Sandstrand (s. S. 41) und der Jachthafen auf Yas wird zu einer **Lifestyle-Destination** ausgebaut. Dafür wurde die Fläche der ursprünglichen Insel um etwa ein Drittel vergrößert.

Vorgesehen sind neben bereits bestehenden Wohnkomplexen aus Villen, Einzelhäusern und Apartmentblöcken etwa 20 Hotels, drei Themenparks, Uferpromenaden sowie weitere Sportanlagen und Jachthäfen.

❯ **Infos:** www.yasisland.ae

⑮ Yas Marina Circuit ★★ [im]

2009 wurde der Yas Marina Circuit als Austragungsort für **Formel-1-Rennen** eingeweiht und seitdem avancierte er zum **Zentrum des Motorsports** im Mittleren Osten. Alljährlich im November findet hier als fester Bestandteil der Formel-1-Serie der Formula 1 Etihad Airways Abu Dhabi Grand Prix statt (s. S. 42). Spitzenfahrer aus aller Welt und Fans geben sich ein Stelldichein, bis zu 45.000 Zuschauer können live zusehen.

Die Rennbahn ist 5,55 km lang – im Durchschnitt wird eine Runde in 1 Minute und 40 Sekunden gefahren. Das Formel-1-Rennen umfasst 55 Runden, also 305 km. Die Streckenführung lässt für andere Rennen auch kürzere Runden zu.

Der Yas Marina Circuit wird vom **Yas Viceroy Abu Dhabi Hotel** (s. S. 125) flankiert und überspannt – dieser Anblick erinnert an eine Szene aus einem Science-Fiction-Film. Insbesondere am Abend, wenn Farbenspiele die Fassade wechselnd illuminieren und auch die Rennbahn im Flutlicht erstrahlt. Gäste können die Rennen aus ihren Zimmern und von ihren Balkonen verfolgen. Ein weiteres Wahrzeichen ist der **Yas-Tower** am Ende der längsten Streckengeraden: Von seiner Glaslounge aus beobachten VIPs die spannendsten Aufholjagden.

Es wird eine Vielzahl an weiteren **Motorsportveranstaltungen** unterschiedlicher Klassen ausgetragen. Beliebt sind auch die Drag-Racing-Abende. Termine kann man der Website der Rennbahn entnehmen (s. u.). Interessant sind auch die **ge-**

Yas Express

Yas-Besucher können gratis den Shuttlebus **Yas Express** nutzen. Entlang zweier Routen werden im 30/40-Minuten-Takt zahlreiche der Attraktionen auf Yas angefahren, 9–21 Uhr (blaue Route) bzw. 9–14 Uhr (rote Route). Auch zwischen Yas und Saadiyat können Inselgäste gratis Bus fahren.

❯ **Infos:** Tel. 4968110, www.yasisland.ae

▽ *Luftansicht der Insel Yas mit Formel-1-Rennbahn* ⑮*, Jachtklub und der Ferrari World* ⑯

039ad Abb.: ym

Jachthafen für jedermann

Der Jachthafen **Yas Marina** wird lädt Besucher ein, entlang der **Uferpromenade** zu bummeln oder in einem der **Gastronomiebetriebe** zu speisen. Stars 'n' Bars ist beispielsweise eine Unterhaltungsbar/Kneipe mit Sportübertragungen, Billiardtischen, Videospieleraum, Tanzfläche, Abendunterhaltung und Wasserpfeifenlounge. Cipriani ist ein schickes und beliebtes italienisches Restaurant. Diablito Food and Music bietet spanische Tapas und spanische Klänge. Rozanah ist ein modernes libanesisches Restaurant samt Wasserpfeifenservice. Iris ist eine elegante libanesische Dachterrassenlounge. Das Aquarium serviert thailändische Fisch- und Meeresfruchtgerichte. Das Café d'Alsace bietet deutsche und französische Leckereien. Alle sind zum Alkoholausschank befugt, bieten lockere, zwanglose Stimmung und bestechen durch erstklassigen Blick auf den Jachthafen – von schönen Terrassen – sowie die Formel-1-Rennbahn. Ab Yas Marina kann man auch Bootsausflüge unternehmen (Captain Tony's, s. S. 119) oder Rundflüge per Wasserflugzeug (Seawings, s. S. 119).

● **82** [im] **Yas Marina**, Yas, www.cnmarinas.com, Tel. 6575460

führten Besucherrundgänge, die Venue Tours, bei denen man u. a. zur Zuschauertribüne, zum Kontrollzentrum, zum Pressezentrum und zur Boxengasse sowie deren Werkstätten geführt wird (Di.–Sa. 10–12 und 14–16 Uhr, ab 120 Dh). Jeden Dienstagabend heißt es **TrainYAS**: Jogger, Walker, Radfahrer, Familienausflügler und Neugierige können die Rennbahn im Uhrzeigersinn erkunden. Ähnliches können Frauen – nur Frauen! – mittwochabends bei GoYAS. Zu beiden Events muss man sich vorab im Internet registrieren.

Außerdem kann man **Kart fahren** (ab 110 Dh), im **Rennwagen** selbst seine Runden drehen (z. B. Aston Martin GT4 ab 1500 Dh), als **Beifahrer** mitfahren (ab 825 Dh) oder am **Drag-Racing-Wochenendkurs** teilnehmen (ab 8500 Dh) bzw. **private Fahrstunden** nehmen (ab 1500 Dh).

❯ Yas, Tel. 800927, www.yasmarinacircuit.com

⑯ Ferrari World ★★ [im]

Mitten auf Yas steht dieser riesige, dem Ferrari-Rennsport verschriebene **Freizeitpark**. Mit 86.000 m² bietet der Park auch die **weltgrößte Vergnügungsparkhalle**: Sie umfasst die Größe von sieben Fußballfeldern. Dank der Klimaanlage kann man sich hier auch bei höchsten Außentemperaturen vergnügen. Das Hallendach überspannt 200.000 m² und ist mit seinem auffälligen roten Ferrarilogo-Design zu einem Wahrzeichen Abu Dhabis avanciert.

Ferrari World bietet mehr als **20 Attraktionen** für Familien, Kinder und Adrenalinjunkies. Für Letztere interessant ist **Formula Rossa**, die **schnellste Achterbahn der Welt**: Hier kann man leibhaftig „erfahren", wie schnell 240 km/h sind – von 0 auf 240 km/h braucht diese Achterbahn gerade mal 4,9 Sekunden. Das Ganze funktioniert mittels eines 20.000 PS starken Katapultantriebs. Und wer ausprobieren möchte, wie sich die 1,7-G-Beschleunigung eines F1-Rennwagens anfühlt, der kann dies im Turm **G-Force**. Wer sich dies nicht traut, findet vielleicht Gefallen an den Rennsimulatoren, die zum Training

der Ferrari-Fahrer genutzt werden. Zudem bietet der Park eine Rennsport-Ausstellung, diverse Gelegenheiten, um Durst oder Hunger zu stillen, sowie einen Ferrari-Fanshop.

❯ Yas, www.ferrariworldabudhabi.com, Tel. 4968001, geöffnet: 11–20 Uhr, Eintritt: Erwachsene ab 240 Dh, Kinder ab 195 Dh. Wer auch Yas Waterworld besuchen möchte, kann den Yas Park Pass als Kombiticket kaufen.

⓱ Yas Waterworld ★★ [im]

Dieser 15 Hektar große **Freizeitpark** bietet Wasserspaß mit 43 Attraktionen, die sich um die Legende einer im Arabischen Golf verloren gegangenen Riesenperle drehen. Durch den Park führt das emiratische Cartoon-Mädchen Dana mit ihren menschlichen und tierischen Freunden. Dana sucht die Perle, wobei sie von einer Räuberbande verfolgt wird. Alles im Park ist in Anlehnung an diese Geschichte und somit an die emiratische **Perlentauchtradition und Volkskunde** design.

Hier gibt es nassen Spaß für Kleinkinder, ältere Kinder und Schwimmanfänger, aber auch für Abenteuerlustige und Wagemutige. Der Park gilt als einer der fortschrittlichsten seiner Art, Sicherheit wird großgeschrieben.

Pearl Master ist eine interaktive Schatzsuche durch den Park. Eine **Hauptattraktion** ist Dawama, eine 238 Meter lange Trichter-Tornado-Wasserbahn mit hydromagnetischem Antrieb für sechs Personen – sie ist die erste ihrer Art. Auch eine Weltneuheit: der Bandit Bomber, eine 550 Meter lange Achterbahn, die Wasser an Bord hat und Lasereffekte bietet. Aus ihr kann man mit Wasserstrahlen auf Ziele schießen, Wasserbomben abwerfen und Spezialeffekte auslösen.

Um einen Innenhof formiert sich ein **arabischer Souq** und bietet allerlei typisch Arabisches sowie Souvenirs zum Kauf an. Auch eine **Ausstellung** zum Thema Perlentauchen gehört zum Park.

Der Vergnügungspark ist verbunden mit der Yas Mall ⓲. Wer möchte, kann einen Besuch anschließen.

⌂ *Der Freizeitpark Yas Waterworld bietet Wasserspaß für Groß und Klein*

> Yas, www.yaswaterworld.com, Tel.
4968001, geöffnet: 10–19 Uhr (Do.
auch 18–23 Uhr nur für Frauen), Eintritt: Erwachsene ab 240 Dh, Kinder ab
195 Dh. Wer auch Ferrari World besuchen möchte, kann den Yas Park Pass
als preisgünstiges Kombiticket kaufen.

⑱ Yas Mall ★★ [im]

Diese Mall ist die größte und modernste des Emirats. Auf 235.000 m²
Verkaufsfläche finden sich über 300
Geschäfte (weitere 100 bis 150 eröffnen später) – allein der Geant-Hypermarket ist 16.000 m² groß.

Die **verschachtelten Gebäudeteile**
des Komplexes sind architektonisch
raffiniert geplant, der Grundriss spiegelt die Form einer Wüstenlilie wider.
Abends wird das Gebäude aufwendig
ausgeleuchtet. Herzstück der Mall ist
der Town Square, ein riesiger überdachter Treffpunkt.

Die Läden der Yas Mall bieten einen **Angebotsmix** bekannter internationaler Ketten und exklusiver Modelabels. In Anlehnung an Ferrari World
wurde ein Shopping-Boulevard designed, der italienische Lifestyle-Marken
offeriert. Da Yas als Insel des Sports
gilt, ist das Angebot an Sportbekleidung- und -ausrüstung groß. Diejenigen, die auf Yas ihr neues Heim beziehen, können zudem Möbel, Haushaltswaren und Wohndekor finden.

Vielfältig, international, trendy und
für jeden Geldbeutel passend sind
die **Möglichkeiten zum Essen**. Neben Shoppen und Speisen kann man
in der großen Familienunterhaltungszone Spaß haben oder in einem der
20 VOX-Kinos, welche den neusten Stand der Technik (4DX) bieten.
Die Mall ist verbunden mit Ferrari
World ⑯, sodass sich ein kombinierter Besuch anbietet.

> Tel. 8009276255, www.yasmall.ae

Festlandvororte

Auf dem Festland vor der Hauptinsel bieten sich Touristen interessante Sehenswürdigkeiten zu traditionellen Themen wie den Souqs und der Falknerei. Ansonsten sind die Industriezone Mussafah sowie der internationale Flughafen bedeutsam. Etliche Wohnviertel werden weiter ausgebaut oder entstehen neu, so etwa Al Raha – 11 km entlang an der Küste – und der New Khalifa City weiter im Landesinneren. Bekannt ist auch das in Bau befindliche CO_2-neutrale Stadtviertel Masdar (s. S. 56).

*Von der Hauptinsel führen im Südosten – jenseits der Shaikh Zayed Grand Mosque – die **drei Brücken** Shaikh Zayed, Maqtaa und Musaffah aufs Festland. Und ab dort geht es beispielsweise auf der Autobahn E22 weiter nach Al Ain (s. S. 82) oder über die E11 nach Dubai. Im Nordosten, vom Hafenviertel kommend, führt der **Shaikh Khalifa Bin Zayed al Nahyan Highway** (E12) über die Shaikh Khalifa Bridge, die Insel Saadiyat, weitere kleine Inseln und Yas auf die Autobahn nach Dubai.*

041ad Abb.: kk

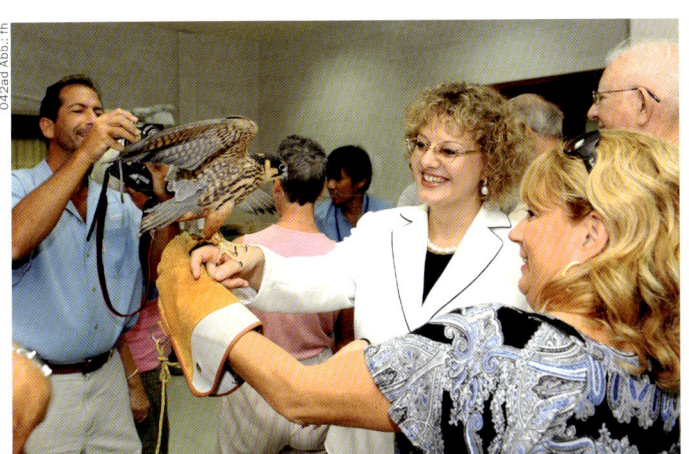

🔴19 The Souk at Qaryat Al Beri ★★★ [fo]

Dieser orientalische Souq ist die moderne Adaption eines traditionellen Geschäftsviertels. Das zweigeschossige Gebäude ist im arabischen Stil erbaut und bietet rund 6000 m² Verkaufsfläche. Hier kann man bei klimatisierten Bedingungen shoppen und das stilvolle Ambiente genießen.

Die **Geschäfte und Boutiquen** verkaufen Parfüms und Räucherwaren, Bekleidung, Schmuck, Handwerksprodukte, Antiquitäten, Dekowaren und Andenken mit gehobenem Preisniveau. Zudem bieten **14 Restaurants, Cafés, Eisdielen und Bars** Speis und Trank. Herrlich sind die Plätze auf den teilweise von Arka-

den gesäumten Außenterrassen und überraschenderweise wird auch Alkohol ausgeschenkt.

Das Areal befindet sich direkt gegenüber der Hauptinsel am Kanal Khor al Maqtaa. Der Souq wird von **künstlichen Kanälen** durchzogen, hölzerne Abra-Boote schippern Besucher durch den Souq oder zu den benachbarten Hotels (gratis).

❯ Bain al Jassrain, zwischen den Brücken Maqtaa und Musaffah am Khor al Maqtaa, www.soukqaryatalberi.com, Tel. 5581670, Geschäfte: Sa.–Do. 10–22, Fr. 16–23 Uhr

🔴20 Falcon Hospital ★★

Viele Emiratis lieben die Falknerei (s. S. 52) und für ihre Lieblinge gibt es in Abu Dhabi ein spezielles **Falkenkrankenhaus.** Es ist sogar das größte seiner Art und zugleich ein bedeutsames Institut für Falkenmedizin und -forschung. Interessanterweise wird es von einer deutschen Tierärztin, Dr. Margit G. Müller, geleitet.

Hier werden eine Vielzahl medizinischer Analysen und Untersuchun-

◠ *Bei einer Besichtigungstour durch das Falkenkrankenhaus kommt man den Tieren ganz nah*

◁ *Wasserkanäle durchziehen den im neo-arabischen Stil gestalteten Souk at Qaryat Al Beri*

gen, chirurgische Behandlungen und Rahabilitationsmaßnahmen speziell für Falken angeboten. Häufig müssen lädierte oder verlorengegangene Federn von Flügeln oder Stoß ersetzt werden. Dafür verfügt das Krankenhaus über ein Sortiment von über 7000 Federn, die mittels eines speziellen Klebeverfahrens genau in der passenden Form, Größe und Farbschattierung eingesetzt werden. Die exakte Passgenauigkeit bewirkt, dass die Flugfähigkeit nicht beeinträchtigt und damit der Wert des Tieres nicht geschmälert wird. Auch möglich sind verschiedene Operationen, falls die Tiere sich beispielsweise beim Beuteschlagen oder beim Kampf mit anderen Falken verletzt haben.

Vom Krankenhaus wird zudem ein **Falken-Aufzuchtprogramm** durchgeführt. Für Hunde und Katzen gibt es ebenfalls ein Behandlungszentrum und ein Tierheim.

Für Touristen empfehlenswert ist die **Falcon World Tour**, die sehr gut organisiert und informativ ist. Man wird durch die verschiedenen Abteilungen des Falkenkrankenhauses geführt und kann auch Behandlungen verfolgen, beispielsweise eine Krallenpediküre oder einen Federersatz. In einer großen Voliere sieht man die Vögel dann im freien Flug. Auch kann man die hauseigene **Falkereiausstellung** sehen und bekommt ein Erinnerungsfoto mit Falken auf dem Arm.

❯ Al Shamkha, Sweihan Rd hinter dem International Airport, Tel. 5755155, www.falconhospital.com, Führungen: So.–Do. ca. 2-stündige Führungen ab 10 und 14 Uhr, Sa. ab 10 Uhr, 170 Dh Erwachsene, 60 Dh Kinder 5–9 Jahre. Es gibt die Möglichkeit, gegen Aufpreis arabisches Mittagessen mitzubuchen. Voranmeldung erforderlich!

Al Ain

Abu Dhabi bietet neben der „Inselhauptstadt" natürlich noch weitere Sehenswürdigkeiten. Im Folgenden wird die mit knapp 400.000 Einwohnern zweitgrößte Stadt des Emirats, Al Ain, als Ausflugsziel vorgestellt. Sie vereinigt Wüste und Oase. Zwar ist der Ort nur ca. 160 km von Abu Dhabi entfernt und schnell über eine Autobahn erreicht, doch es lohnt, sich zwei Tage und eine Nacht Zeit zu nehmen – zumal interessante Unterkünfte locken.

Der **Name Al Ain** bedeutet übersetzt „die Quelle". Der Oasenort liegt malerisch zwischen den Ausläufern der Sandwüste Rub al Khali („Leeres Viertel") und den schroffen Gipfeln der Hajar-Berge und ist der Zusammenschluss mehrerer, einstmals verstreuter **Oasendörfer**, die heute wie Vororte wirken. Die Durchschnittstemperaturen sind hier – als Folge der Wüstenlage – höher als an der Küste in Abu Dhabi, doch wegen der niedrigeren Luftfeuchtigkeit ist es in Al Ain deutlich erträglicher.

Trotz der klimatischen und geografischen Widrigkeiten ist Al Ain dank seiner vielen Quellen das **fruchtbarste Gebiet** des Emirats. Das Grundwasser befindet sich in geringer Tiefe und wird schon seit Jahrhunderten für Oasenlandwirtschaft und Dattelpalmanbau genutzt. Die Stadt hat mehrere Gärten. Die Al Ain Oasis ❷ ist der größte und schönste Palmenhain.

Al Ain ist eine der ältesten, dauerhaft bewohnten Siedlungen der Welt und war einst eine lebenswichtige Oase auf der Karawanenroute zwischen dem Golf und dem Oman. Aus der Gegend von Al Ain stammen die **ältesten archäologischen Funde** der

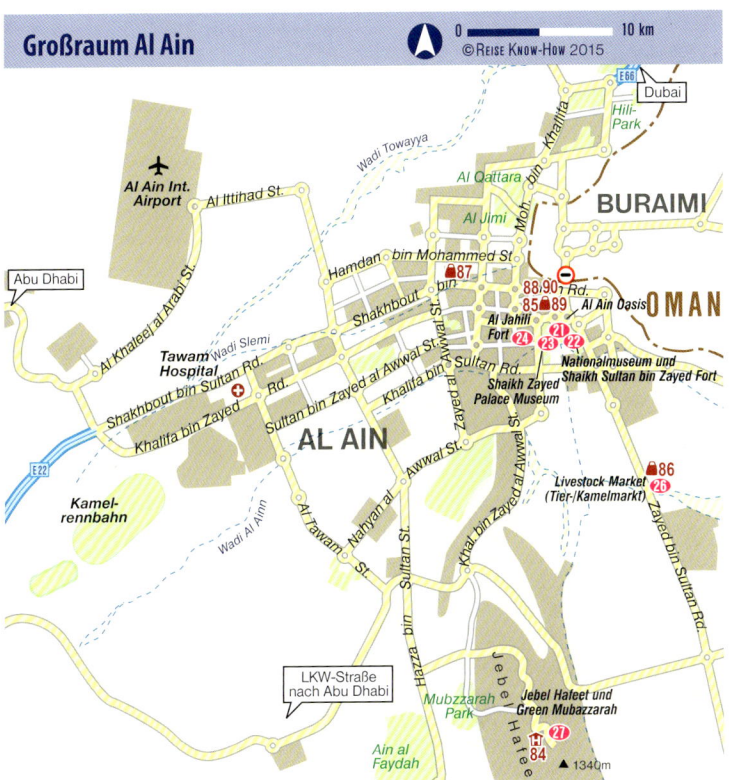

Großraum Al Ain

0 —————————— 10 km
© REISE KNOW-HOW 2015

Emirate: Wasserkanalsysteme aus der Bronzezeit, welche die Dattelgärten bewässerten und den Menschen Brauchwasser lieferten. Diese und weitere archäologische Relikte geben wichtige Hinweise zum Übergang der regionalen Kulturen vom Jagen und Sammeln zum Sesshaftwerden. Wegen dieser bedeutsamen Zeugen der Geschichte wurden diverse historische Orte Al Ains 2011 als **UNESCO-Kulturstätte** eingestuft (www.unesco.org). Auch heute gibt es noch solche **Wasserkanäle**, *falaj* genannt.

Für die Emirater ist Al Ain das Herz des Landes, denn hier wurde sowohl der Präsident der V.A.E., **Shaikh Khalifa**, als auch sein verstorbener Vater, der Staatsgründer und vormalige Präsident der Vereinigten Arabischen Emirate, **Shaikh Zayed**, geboren.

Touristen gefällt der dörfliche Charakter dieser sehr grünen und gepflegten Kleinstadt. Hier finden sich etliche interessante **Sehenswürdigkeiten,** die die Geschichte und das kulturelle Erbe des Landes beleuchten.

› **Anfahrt:** Eine Autobahn verbindet Abu-Dhabi-Stadt mit Al Ain (ca. zwei Stunden Fahrt). Es fahren auch Intercity-Fernbusse der Linie X90 ab der Abu Dhabi Bus Station (einfache Fahrt 25 Dh, zwischen 5–24 Uhr im 30-Min.-Takt).

Zudem fahren Minibus-Sammeltaxis (pro Person 20 Dh, s. S. 127). Inlandflüge starten in Abu Dhabi ab dem Al Bateen Airport (s. S. 95).

› **Infos:** Abu Dhabi Tourism & Culture Authority (s. S. 103), http://am.abudhabi.ae (Stadtverwaltung), http://alainmaps.am.abudhabi.ae (interaktive Karte), www.alaintimesuae.com (Al Ain Times)

㉑ Al Ain Oasis ★★★ **[S. 83]**

Al Ains Palmenhain ist herrlich anzusehen, die gepflasterten Wege laden zum Flanieren ein. Wie ein mächtiger Sonnenschirm schützen die ausladenden Palmwedel der Dattelbäume die unteren Pflanzen vor den sengenden Sonnenstrahlen und spenden auch Spaziergängern Schatten.

EXTRATIPP

Wüstenflair – Arabian Nights Village

In den Weiten der Wüste, etwa auf halbem Weg zwischen Abu Dhabi und Al Ain, bietet sich die Gelegenheit für eine **besondere arabische Nacht.** Das Arabian Nights Village ist ein komfortabel-stilvolles **Wüstendorf** mitten in den Dünen. Man kann entweder einen **abendlichen Wüstenausflug** dorthin samt Unterhaltungsprogramm und Grillbüffet buchen (ca. 15–21 Uhr) oder auch **über Nacht** bleiben. Es gibt Palmwedelhütten, Steinhäuser und Beduinenzelte, die mit traditionellen Gegenständen als Gästezimmer eingerichtet wurden. Ein Pool lädt zum Erfrischen ein. Die Liebe zum Detail ist allgegenwärtig, schön ist auch das arabische Restaurant. Gäste können die Dünen per **Kamel, Surfboard** oder **Quad** bezwingen und auch eine **Bauchtanzshow** mit Lautenmusik (arab. *oud*) und **Barbecue-Büffet** findet statt. Wer möchte, kann sich mit Henna verschönern lassen, eine Wasserpfeife mit Fruchttabak schmauchen oder Souvenirs einkaufen.

Das Village hat einen eigenen Trinkwasserbrunnen und eine Wasseraufbereitungsanlage zur Gewinnung von Nutzwasser. Schallisolierte Generatoren liefern Strom.

🏨**83 Arabian Nights Village** €€€, Tel. 02 6769990, www.arabiannightsvillage.com, beim Wüstendorf Al Khatim. Üblich ist die Abholung aus Abu Dhabi (auf Anfrage auch Abholung/Rückfahrt aus/nach Al Ain, eine Anreise mit dem eigenen Fahrzeug ist nur in Ausnahmefällen möglich). Es können auch Wüstensafaris und Quadfahrten gebucht werden.

⊡ *Romantische Abendstimmung im Arabian Nights Village*

Der **Oasengarten** ist kein künstlicher Park und kein Freilichtmuseum. Die Felder werden bewirtschaftet und die Palmen gehegt und gepflegt. Deutlich kann man erkennen, wie in dieser traditionellen Oasenwirtschaft Pflanzungen in drei Etagen angeordnet sind: Auf dem Boden gedeihen verschiedene Gemüsesorten und Futtergräser für die Tiere. Auf der mittleren Etage findet man kleinere Obstbäume wie Bananen, Orangen und Zitronen sowie Hibiskus- und Hennasträucher. Und alles überragend bilden Dattelpalmen das Obergeschoss – ca. 147.000 Bäume stehen hier.

Dazwischen führen gemauerte **Kanäle** Wasser, das durch Tore und Dämme in die einzelnen Parzellen verteilt wird. Das Lebenselixier Wasser kommt aus gegrabenen Brunnen oder aus Flüssen, die oft nur saisonal Wasser führen. Ausgeklügelte unterirdische Sammelsysteme führen das Wasser zu den Gärten. Seit Jahrtausenden funktioniert folgendes Bauprinzip: Quell- oder Grundwasser wird in unterirdischen Sickergalerien oder Stollen mit leichtem Gefälle mitunter kilometerweit talabwärts geleitet, um dann durch Kanäle (arab. *falaj*) in die Gärten zu fließen.

Mehrere kleine Moscheen stehen im Al-Ain-Palmenhain am Wegesrand, meist sind sie aus Lehm erbaut. **Pluspunkte** für Spaziergänger: Steinbänke bieten sich zur Rast an und Holzschilder erleichtern die Orientierung. Doch auch wenn man sich verirrt, so ist es nicht schlimm, denn zum nächsten Ausgang ist es nie allzu weit (maximal ca. 1,2 km). Um den Oasenhain verlaufen Hauptstraßen, an denen man problemlos ein Taxi anhalten und sich zu seinem Wunschziel fahren lassen kann.

❭ Es gibt acht Ein- bzw. Ausgänge, z. B. neben dem Nationalmuseum **㉒**, beidseitig des Palastmuseums **㉓** und beim Busterminal. Bitte immer auf den gepflasterten Wegen bleiben und Gärten sowie Moscheen nicht betreten.

㉒ Nationalmuseum und Shaikh Sultan bin Zayed Fort ★★   [S. 83]

Das Nationalmuseum in Al Ain und das Shaikh Zayed bin Sultan Fort liegen nebeneinander an der östlichen Seite der Al Ain Oasis **㉑**. Das **Museum** thematisiert die (Kultur-)Geschichte Al Ains. Die ethnologische Abteilung veranschaulicht das traditionelle Leben der Beduinen und Oasenbauern, Fischer und Perlentaucher. Musikinstrumente, Hochzeitsschmuck, Bekleidung, Naturheilmittel, Haushaltsgegenstände, Waffen und Ausrüstungsgegenstände zur Falkenjagd sind in der Ausstellung zu sehen. Historische Fotos aus den 1940er-Jahren veranschaulichen die Entwicklung Al Ains und ein riesiger Stammbaum der Herrscherfamilie versucht, die verwandschaftlichen Verhältnisse ab dem Jahr 1793 zu verdeutlichen.

⌂ Dattelpalmen im Oasengarten von Al Ain

Pause im Palmenschatten

Der **Oasengarten** ㉑ von Al Ain eignet sich gut, um beim Sightseeing eine Rast einzulegen. Es ist hier meist kühl und schattig. Entlang der gepflasterten Wege stehen Bänke und an manchen Eingängen befinden sich **Tische und Bänke** für ein Picknick. So auch kurz hinter dem Nationalmuseum ㉒ – keine fünf Gehminuten von dort kann man im LuLu Center an der Kreuzung der Straßen Zayed bin Sultan St. und Othman bin Affan St. Getränke und Snacks einkaufen – auch der Obst- und Gemüsemarkt bietet sich zum Einkauf an, er befindet sich schräg gegenüber an derselben Kreuzung.

Die archäologische Abteilung zeigt bedeutsame Fundstücke vornehmlich aus den Ausgrabungsstätten rund um Al Ain. Die ältesten Stücke stammen aus der Zeit von vor 7000 Jahren. Zudem wird eine Kollektion an Geschenken ausgestellt, die Shaikh Zayed zu Lebzeiten bekommen hat – darunter sowohl Schönes als auch Kurioses.

Das **Fort** ist derzeit wegen Renovierungsarbeiten geschlossen. Wenn diese vollendet sind, wird es – *inshallah* („so Gott will") – von innen zu besuchen sein. Die Lehmfestung wurde 1910 von Shaikh Sultan bin Zayed, dem Vater des Staatsgründers Shaikh Zayed, errichtet und war lange Jahre sein Herrschersitz. Zudem sollte es den damals für das Überleben wichtigen Oasengarten gegen Angriffe von Osten schützen. Hier kann man gut die traditionelle Bauweise solcher Festungen erkennen. Von ihnen gibt es noch 18 Stück in Al Ain, jedoch stehen die wenigsten Besuchern offen.

> **Al Ain National Museum**, Zayed bin Sultan St., im Stadtzentrum, Tel. 03 7641595, www.visitabudhabi. ae, geöffnet: Sa.–Do. 8–19.30, Fr. 15–19.30 Uhr, Mo. geschlossen; Eintritt: 3 Dh

㉓ Al Ain Palace Museum ★★ [S. 83]

Am westlichen Rand der Al-Ain-Oase befindet sich das **einstige Wohnhaus** von Shaikh Zayed bin Sultan al Nahyan. Der Staatsgründer der V.A.E. ist als „Vater der Nation" in die Geschichte eingegangen. Er verstarb 2004 und wird noch heute sehr verehrt.

Der Gebäudekomplex ist als **Museum** eingerichtet und einzig Shaikh Zayed und seiner Familie gewidmet. Die verwinkelt angeordneten Räume sind mit Porträtbildern, historischen Fotografien und alten Einrichtungs-, Gebrauchs- und Dekogegenständen eingerichtet. Wohnbereiche, Empfangsräume, Frauen- und Herrengemächer, Versorgungstrakt und Schulraum können besichtigt werden. Zwischen den verschachtelten Gebäudeteilen wurden Gärten und Innenhöfe angelegt.

In der Zeit vor 1937 stand hier nur ein kleines Lehmwohnhaus und auch in den frühen 1960er-Jahren, als der junge Shaikh Zayed einzog, handelte es sich noch um eine bescheidene Residenz. Das Haus wurde jedoch ständig **erweitert** und als Shaikh Zayed als Gouverneur der kleinen Oase 1966 auszog, hatte es eine stattliche Größe erreicht.

Gegen Ende des letzten Millenniums verfiel das Haus, stellenweise waren nur noch die Grundmauern erhalten. Ein großangelegtes städtisches Projekt widmete sich der In-

045ad Abb.: kk

standsetzung, wobei vorrangig **traditionelle Materialien** wie Bruchsteine, Lehmziegel, Lehmputz und Palmholz genutzt wurden.

› Al Ain St., im Stadtzentrum, Tel. 03 7517755; www.visitabudhabi.ae, geöffnet: Sa.–Do. 8.30–19.30, Fr. 15–19.30 Uhr, Mo. geschlossen, Eintritt: frei. Viele Zimmertüren sind wegen der laufenden Klimaanlage geschlossen, der Eintritt ist aber gestattet.

24 Al Jahili Fort ★★ [S. 83]

Auch dieses inmitten eines Parks gelegene Fort ist ein wichtiger Teil der **Historie** und des **Nationalbewusstseins** der V.A.E. 1898 erbaut, diente es dem Schutz der Palmengärten. Hier war auch der Sitz der Lokalverwalter und einer Reitergarde, welche die Gebirgspässe kontrollierte. Die Shaikhs der Al-Nahyan-Familie hatten hier ihre Sommerresidenz und hier wurde um 1918 (das genaue Datum ist unbekannt) Shaikh Zayed geboren. Bis in die 1950er-Jahre wohnte die Herrscherfamilie hier, dann annektierten britische Truppen das Fort.

Das Ungewöhnliche an dieser Festungsanlage ist, dass neben der eigentlichen viereckigen Festung ein runder **Turm** steht. Er ist drei Etagen hoch und jedes Stockwerk hat einen kleineren Durchmesser als das darunterliegende. Hätte der Turm nicht so viele spitze Zinnen, sähe er fast wie eine gewaltige Hochzeitstorte aus.

Sehr beeindruckend ist die **Fotoausstellung** des britischen Forschungsreisenden **Wilfred Thesiger**. Er durchquerte in den 1940er-Jahren zweimal die Sandwüste Rub al Khali und hat darüber Bücher geschrieben. Seine Fotos zeigen faszinierende Wüstenlandschaften und eindrucksvolle Beduinenporträts. Gleichzeitig bekunden sie die Härte der Reisen Thesigers – rund 16.000 km reiste er zu Fuß oder auf dem Kamelrücken durch das arabische Sandmeer. Auch das Al Jahili Fort fotografierte er – damals war es noch freistehend und nur

⌂ *Der ungewöhnlich geformte Wehrturm des 1898 erbauten Al Jahili Fort*

von Sand und ein paar Bäumen umgeben. In anderen Räumen werden
zeitweise **wechselnde Ausstellungen**
veranstaltet. Im Norden des Forts
dehnt sich außerdem ein **Park** aus.

> Mohammed bin Khalifa St., schräg
gegenüber dem Al Ain Rotana Hotel,
Tel. 03 7843996, 03 7118311, geöffnet: Di.–So. 9–17, Fr. 15–17 Uhr, Mo.
geschlossen, Eintritt Fort, Ausstellungen
und Garten: frei, www.visitabudhabi.
ae. Im Fort findet sich ein Schalter der
Abu Dhabi Tourism & Culture Authority
mit denselben Öffnungszeiten, Tel. 03
7644456 und 800555.

㉕ Al Qattara Oasis und Souq ★★

Das nördlich vom Stadtzentrum gelegene Al Qattara war einst ein ein-
zelnes kleines **Oasendorf** mit einem
Dattelgarten und Markt als Lebens-
nerv. Ähnlich wie bei der Al-Ain-Oase hat man auch diesen Palmenhain
herausgeputzt, die Wege gepflastert
und die Gärten sauber eingemauert.
Die alten Aflaj-Wasserkanäle werden noch heute zur Bewässerung genutzt. Vereinzelt finden sich verfal-
lene **Lehmbauten** aus vergangenen
Zeiten. Einige, wie Festungsanlagen,
Wehrtürme und Moscheen, wurden
instand gesetzt.

Al Qattara kann eine lange Geschichte aufweisen: Ein hier gefun-
denes Grab stammt aus dem zweiten
vorchristlichen Jahrtausend, manche
der Grabbeigaben sind im Nationalmuseum ㉒ von Al Ain zu sehen.

Einen Besuch wert ist auch der
Souq Al Qattara. Am Rande des Palmenhains (an der Hamooda bin Ali
St.) wurde an der Stelle, an der sich
seit den 1930er-Jahren der Souq des
Ortes befand, eine gedeckte Souqgasse rekonstruiert. 19 kleine Läden

verkaufen Handwerksprodukte und
Souvenirs, aber auch Datteln und
Süßigkeiten. Sie sind aber meist nur
ab dem späten Nachmittag geöffnet
(Di./Sa. 9–22 Uhr, alle anderen Tage
17–22 Uhr, Do./Fr. finden abends oft
emiratische Musik- und Tanzvorfüh-
rungen statt). Die gleichen Öffnungszeiten hat der angegliederte, hübsch
emiratisch dekorierte Coffeeshop,
der Touristen gerne traditionellen Gewürzkaffee mit Datteln serviert. Ne-
bendan findet sich in der renovierten Festung das **Al Qattara Arts Centre**, das sich der lokalen arabischen
Kunst und Kultur verschrieben hat
und wechselnde Ausstellungen zeigt,
Ateliers unterhält und Kurse anbietet (geöffnet So.–Do. 9–20 Uhr, Tel.
7618050, www.visitabudhabi.ae).

Etwas weiter innerhalb des Palmenhains findet sich das **Restaurant Heritage Village**, es ist in einem
renovierten Lehmbau untergebracht
und serviert arabische Kost zu mittleren Preisen (Tel. 03 7630155, geöffnet 8–24 Uhr, auch Seafood und
Grillgerichte).

㉖ Livestock Market (Tier-/Kamelmarkt) ★★ [S. 83]

Hinter der größten Mall Al Ains, der
Bawadi Mall mit dem angeglieder-
ten Al Qaws Souq (s. S. 92), befindet sich der Tiermarkt und er wartet
mit einer Einzigartigkeit auf: Nicht nur
Ziegen, Schafe, Hühner, Kühe, Ziervö-
gel etc. werden hier gehandelt, sondern auch Kamele. Angeboten werden meist Schlachtkamele, seltener
Zucht- oder gar Rennkamele. Dies
ist der **letzte Kamelmarkt des Landes**. Zumeist sind es pakistanische
Händler, die hier arbeiten. Auch sta-
pelweise Heu, bündelweise Alfalfa-
gras und säckeweise Mais als Fut-

Das Kamel – Weltmeister im Wassersparen

Erst die **Domestizierung** *des Kamels vor 3500 bis 3000 Jahren ermöglichte es den Menschen, in der Wüste zu überleben. Aus endlosen Weiten wurden „Meere", die man dank der „Wüstenschiffe" durchschreiten konnte. Als Reit- und Lastentier ermöglichte das Kamel Mobilität und die Durchführung von langen Wanderungen, Handelskarawanen und Raubzügen.*

Dabei wurden - und werden - Kamele nicht nur als Nutztiere, sondern vielmehr als **Kameraden** *angesehen und mit großer Achtung und liebevoller Zuneigung gewürdigt. In der arabischen Sprache gibt es 160 Bezeichnungen für das Kamel. Die gebräuchlichste, „al jamal", wird auch als Begriff für „Zuneigung", „Verehrung" und „Bewunderung" gebraucht. Die sprachliche Wurzel der Wörter „Kamel" und „Schönheit" ist dieselbe.*

Die auf der Arabischen Halbinsel heimischen Kamele sind korrekt bezeichnet **einhöckrige Dromedare** *(lat. Camelus dromedarius). Sie leben nicht nur auf der Arabischen Halbinsel, sondern auch in Nordafrika, Indien und Pakistan, wohingegen ihre zweihöckrigen Verwandten, die Trampeltiere (lat. Camelus bactrianus), in Nord- und Zentralasien beheimatet sind.*

Das Kamel steckt in einem **„Wunderkörper"**, *der den extremen klimatischen Verhältnissen der Wüste kaum besser angepasst sein könnte. Hartnäckig hält sich die Mär vom körpereigenen Wasserreservoir, doch nicht „speichern", sondern „sparen" lautet die biologische Zauberformel:*

› *Selbst wenn die Temperaturen über 50 Grad steigen, brauchen Kamele nur jeden vierten Tag Wasser, an-*

sonsten je nach körperlicher Anstrengung und Nahrungsangebot nur etwa alle ein bis zwei Wochen.

› *Im Extremfall können Kamele bis zu 25 Tage ohne Wasseraufnahme auskommen.*

› *Aufgrund von Wasserverlust können Kamele bis zu 40 % ihres Körpergewichts verlieren, Menschen sterben bereits bei einem Verlust von 14 % an Herzversagen.*

› *Ein Kamel kann innerhalb von 15 Minuten bis zu 200 l Wasser saufen.*

› *Bei extremen Temperaturen kann das Kamel seine Körpertemperatur auf bis zu 42 Grad ansteigen lassen. Für alle anderen Säugetiere wäre eine solche Körpertemperatur tödlich, doch bei Kamelen verhindert dieses „kontrollierte Fieber" Schwitzen und somit Wasserverlust.*

› *Vor dem Ausatmen wird der Wasserdampf in der Kamelnase zurückgehalten und kühlt die Blutgefäße, die das Gehirn und die Netzhaut der Augen versorgen.*

› *In den Nieren wird aus dem Harn viel Wasser resorbiert und in den Organismus zurückgeführt. Durch diese Methode der „Urinverdickung" können Kamele auch Salzwasser saufen, ohne daran zu erkranken.*

› *Im Enddarm wird dem Kot Feuchtigkeit entzogen und dem Organismus zugeführt.*

› *In den labyrinthischen Nasengängen wird der eingeatmeten Luft der Wasserdampf entzogen.*

› *Kamelbegeisterte sollten sich das alljährlich im Dezember abgehaltene* **Al Dhafra Camel Festival** *nicht entgehen lassen (s. S. 43).*

046ad Abb.: kk

termittel werden in jeweils eigenen Bereichen gehandelt. Zudem gibt es alle möglichen, für die Tierhaltung nützlichen Produkte. Auch ein Pflanzen- und Blumenmarkt findet sich auf dem Gelände.

› geöffnet: täglich frühmorgens bis Einbruch der Dunkelheit. Mitunter wird versucht, Touristen eine Führung zu verkaufen, oder für Fotos, die ohne vorherige Absprache geknipst werden, einen Obolus zu verlangen.

㉗ Jebel Hafeet und Green Mubazzarah Park ★★★ [S. 83]

Der Jebel Hafeet, der Hafeet-Berg, ist ein Ausläufer des Hajar-Gebirges, welches die V.A.E. im Osten durchzieht. Als riesiger Monolith ragt er ca. 25 km südlich des Zentrums von Al Ain 1340 m aus dem ebenen Wüstenboden empor.

Eine 15 km lange Teerstraße windet sich hinauf bis kurz vor den Gipfel zu einer Aussichtsplattform samt Cafeteria in 1063 m Höhe. Die Aussicht auf die sattgrüne Oase und das

▢ *Ziegentränken auf dem Tiermarkt*

ockerfarbene Sanddünenmeer ist beeindruckend. Die Straße ist abends durchgehend beleuchtet, sodass man sie als orangefarbenes Band von Al Ain aus sehen kann. Kurz vor dem Aussichtsplateau bietet das **Mercure Grand Jebel Hafeet Hotel** (s. S. 91) Zimmer, Restaurants, einen Coffeeshop und ein Shisha-Zelt in ruhiger Lage mit einmaligem Fernblick.

Zu **Fossilien** versteinerte Meerestiere wie Muscheln, Schnecken und Fische zeugen davon, dass das Kalkgestein vor 135 bis 70 Mio. Jahren der Boden eines tropischen Ozeans war. Um den Berg herum fand man oberirdische **Steinbauten,** die mit einer doppelten Außenmauer eine runde oder ovale Grabkammer umschließen. Obwohl Grabräuber über Jahrhunderte Grabbeigaben entwendet haben, entdeckten die Archäologen zahlreiche alte Fundstücke, von denen viele im Nationalmuseum ㉒ von Al Ain ausgestellt sind. Anhand dieser Funde lässt sich darauf schließen, dass das Gebiet seit über 5000 Jahren besiedelt ist.

Der Hafeet-Berg bildet ein **bedeutendes Wasserreservoir** für Al Ain und hier beginnen einige wichtige Wasserkanäle. Am Fuße des Berges liegt der wegen seiner heißen Thermalquellen und Picknickplätze beliebte Erholungspark Green Mubazzarah – daran lässt sich erkennen, wie wasserreich die Gegend ist.

Einkaufsmöglichkeiten in Al Ain

Eine der wichtigsten Haupteinkaufsstraßen Al Ains mit zahlreichen kleinen Läden und Waren des täglichen Bedarfs ist die **Zayed bin Sultan St.,** die ab der Brücke über das Wadi Al Ain beim Hilton Hotel ins Zentrum führt und weiter über die Kreuzung

047/ad Abb.: kk

am Muraba'a Fort bogenförmig im Norden des Palmenhains verläuft. Zu den Geschäften gesellen sich einfache Restaurants, Banken, Wechselstuben, Apotheken etc.

Nördlich der Zayed bin Sultan St., schräg hinter der unübersehbaren Sheikha-Salma-Moschee (riesig und mit zwei quadratischen Minaretten), gruppieren sich um den mit einem Schattensegel überspannten **Town Square** diverse Geschäfte, Restaurants und Cafeterias.

Al Ains **Souq** liegt südlich der Zayed bin Sultan St., etwa in der Höhe des Teilstücks von der Sheikha-Salma-Moschee bis kurz vor die Al Ain St. Die vielen kleinen Geschäfte gruppieren sich um verschiedene Innenhöfe und offerieren ein kunterbuntes Allerlei. Zumeist sind es indische und pakistanische Händler, die ihre Waren feilbieten.

Schön ist auch der **Obst- und Gemüsesouq** (Vegetable and Meat Market). Er erstreckt sich über zwei Hal-

◹ *Eine Straße windet sich bis kurz vor den Gipfel des Jebel Hafeet*

EXTRATIPP

Bergfrische – das Mercure Grand Jebel Hafeet Hotel

Kurz vor dem Aussichtsplateau bietet sich das Mercure Grand Jebel Hafeet Hotel für eine **Übernachtung in 915 m Höhe** an – oder auch nur für eine Pause in einem der Restaurants bzw. im **Café** oder zu einer Wasserpfeife. Hier oben ist es garantiert ruhig und immer deutlich kühler als sonstwo in Abu Dhabi. Auch der Fernblick ist einmalig.

🏨**84 Mercure Grand Jebel Hafeet Al Ain Hotel** €€€, Al Ain, Jebel Hafeet, Tel. 03 7838888, Fax 03 7839000, www.mercure.com. Erschwingliches Resort mit 124 Zimmern, Pools, Garten, Minigolf, Orient Café, Terrassenrestaurant, französisch-mediterranem Restaurant und Bar.

048ad Abb.: kk

Die **Bawadi Mall** bietet neben 400 Geschäften alle für eine Mall üblichen Einrichtungen wie Kinos, Foodcourt, Kindervergnügungszentrum und Hypermarket. Eine Eislaufbahn und eine – noch im Bau befindliche – kleine Skihalle bieten Abkühlung. Der **Al Qaws Souq** (auch Bawadi Souq genannt) ist ein außen am Mallgebäude angrenzender Bereich mit kleinen von Arkaden gesäumten Geschäften. Man kann bequemerweise mit dem Auto vorfahren. Hier werden mit Banken, Geldwechslern, Wäschereien, Apotheken, Reisebüros, Restaurants etc. vor allem praktische Bedürfnisse befriedigt. Auf dem Mallgelände ist ein Hotel im Bau.

Hinter der Bawadi Mall befindet sich der Livestock Market, der **Tiermarkt** 26 Al Ains. Bemerkenswert ist nicht nur die Größe des Markts: Einmalig und sehenswert ist, dass hier Kamele gehandelt werden.

len und befindet sich ebenfalls südlich der Zayed bin Sultan St., schräg gegenüber dem Murabaa Fort beim Busbahnhof. Überwiegend frische Waren werden hier gehandelt, Obst und Gemüse, Fleisch und Fisch, aber auch Trockenfisch und Datteln.

Schön ist auch der **Souq Al Qattara** 25. An diesem historischen Marktplatz wurde eine gedeckte Souqgasse rekonstruiert und als touristische Sehenswürdigkeit eingerichtet.

Anders als der Name vermuten lässt ist der **Souq al Zaafarana** ein Einkaufszentrum. Hier finden sich überwiegend regionale und traditionell arabische Produkte wie Kleidung, Parfüm, Räucherwaren, Schmuck und Gewürze. Das Mubdia'a Village ist ein Bereich mit Waren exklusiv für Frauen, entsprechend sind in den Shops nur Verkäuferinnen angestellt – Männer können aber dennoch eintreten. Angegliedert sind ein Obst- und Gemüsemarkt sowie ein Supermarkt.

85 [S. 83] **Al Ain Souq**, kunterbunte Alltagswaren

86 [S. 83] **Bawadi Mall und Al Qaws Souq**, www.bawadimall.com, Tel. 03 7840000. Größte und modernste Mall des Ortes mit Außengeschäftsareal.

87 [S. 83] **Souq al Zaafarana**, Tel. 7621868. Einkaufszentrum mit überwiegend traditionellen Waren und Frauenabteilung.

88 [S. 83] **Town Square**, Innenstadtplatz mit Geschäften und Gastronomie

89 [S. 83] **Vegetable and Meat Market**, Frischmarkt mit Obst, Gemüse, Fleisch und Fisch

90 [S. 83] **Zayed bin Sultan St.**, Haupteinkaufsstraße im Norden der Al Ain Oasis 21

◁ *Morgendliches Ausladen auf dem Obst- und Gemüsesouq*

PRAKTISCHE REISETIPPS

049ad Abb.: kk

An- und Rückreise

Flugverbindungen

Es gibt eine Vielzahl **Fluggesellschaften**, die nach Abu Dhabi (AUH) fliegen, sodass man aus einer Auswahl von Terminen, Preisen, Serviceleistungen, Anschlussflügen oder Zwischenstopps wählen kann. Die reine **Flugzeit** ab Frankfurt beträgt knapp sieben Stunden.

Hier eine Auswahl von Fluggesellschaften die **direkt** nach Abu Dhabi fliegen oder **gute Anschlussmöglichkeiten** bieten:

› Etihad Airways, www.etihadairways.com. Die für ihren Service und Komfort vielgelobte und mehrfach als weltbeste Airline ausgezeichnete nationale Fluggesellschaft der V.A.E. hat Abu Dhabi als Heimatflughafen. Nonstop fliegt Etihad von München, Frankfurt, Düsseldorf, Genf, Zürich und durch ein Partnerschaftsabkommen mit airberlin auch ab Berlin. Etihad ist eine gute Wahl, wenn man auch nach Dubai und Al Ain möchte, denn man kann im kostenlosen Etihad-Luxusbus hin und zurück fahren. Man kann mit Etihad seinen Abu-Dhabi-Aufenthalt auch mit anderen Städten wie Muscat (Oman) oder Doha (Katar) kombinieren. Zudem kann man einen Gabelflug buchen (unterschiedliche An-/Abflughäfen, z. B. Frankfurt – Abu Dhabi/Muscat – Frankfurt). Das ist zwar etwas teurer, kann aber bei der Reisegestaltung von Vorteil sein.

› airberlin, www.airberlin.de. Fliegt nonstop von Berlin und Düsseldorf oder mit Stopp in einer dieser beiden Städte ab Frankfurt, Dresden, Hamburg, Karlsruhe, Köln/Bonn, München, Saarbrücken, Nürnberg, Hannover, Leipzig, Münster, Stuttgart, Sylt, Wien, Salzburg, Innsbruck, Graz, Linz, Genf, Zürich.
› Lufthansa, www.lufthansa.com. Nonstop von Frankfurt.
› Qatar Airways, www.qatarairways.com. Von Frankfurt, Berlin, München, Zürich, Genf und Wien über Doha.

Von **Österreich** und aus **der Schweiz** fliegt man am einfachsten über Deutschland nach Abu Dhabi. Austrian Airlines und Swiss International Air Lines haben z. B. Partnerabkommen mit der Lufthansa und wie oben beschrieben bietet auch airberlin viele Möglichkeiten.
› Austrian Airlines, www.austrian.com
› Swiss International Air Lines, www.swiss.com

Natürlich gibt es auch **Last-Minute-Angebote** für einen Flug nach Abu Dhabi oder für Flug-und-Hotel-Pakete. Man findet sie z. B. bei den bekannten Internetreiseportalen.

Schließlich kann man auch einen **Flug nach Dubai** buchen, denn dafür gibt es eine größere Anzahl an Abflughäfen, Zwischenstoppmöglichkeiten bzw. Direktflügen. Von Dubai nach Abu Dhabi sind es ca. 160 km. Über die Autobahn E11 ist man mit einem Mietwagen in ca. 2 Std. dort, auch Schnellbusse der Dubai Roads and Transport Authority (www.rta.ae) verbinden beide Städte.

Abu Dhabi International Airport

◁ *Vorseite: Strand eines Wohngebiets in Al Raha Beach*

Der internationale Flughafen von Abu Dhabi liegt ca. **35 km außerhalb des**

Zentrums auf dem Festland. Er gilt als einer der modernsten der Welt und bietet die üblichen Serviceeinrichtungen wie Hotel, Geldautomaten, Banken, Restaurants und Snackbars, Post, Telefongesellschaften, Autovermieter und einen rund um die Uhr geöffneten, zollfreien Einkaufsbereich (Duty Free, Tel. 5055000, www.addf.ae). Es gibt kostenlosen WLAN-Internetzugang und Internetkioske. 2017 soll ein neues Terminal eröffnen.

Die derzeit **drei Flughafenterminals** sind untereinander mit einem Shuttlebus zu erreichen. Von den Terminals 1 und 2 verkehren Busse der Linie A1 über die Main Terminal Bus Station (Al Wathba, East St., s. S. 128) weiter ins Zentrum bis zum Airport City Terminal in Al Zahiyah (4 Dh, rund um die Uhr im 30-Min.-Takt). Mit dem **Taxi** zur Corniche zu fahren, kostet ca. 70 bis 80 Dh.

- **91 Abu Dhabi International Airport,** Al Reef, Tel. 5055555, www.abudhabiairport.ae

In zentraler Lage hat der Flughafen **Stadtterminals,** in denen man frühestens 24 und bei den meisten Airlines spätestens 4 Std. vor Abflug einchecken und sein Gepäck aufgeben kann. So braucht man erst 35 Min. vor Abflug am Flughafen zu sein.

- **92 [do] ADNEC Check In,** Al Safarat, Abu Dhabi National Exhibition Center, Tel. 4449671
- **93 [I4] City Terminal Check In,** Al Zahiyah, gegenüber der Abu Dhabi Mall, Tel. 6448434

Inlandflüge

Neben dem internationalen Flughafen in Abu-Dhabi-Stadt gibt es weitere **nationale Flughäfen** in Abu Dhabi (Al

Bateen Airport) und Al Ain sowie auf den Inseln Sir Bani Yas und Dalma.

- **94 [eo] Al Bateen Airport,** Al Matar, Tel. 4056254, www.albateenairport.com

Rotana Jet bietet Inlandflüge ab Al Bateen Airport nach Al Ain, Dalma, Sir Bani Yas, Dubai und Fujairah – in naher Zukunft sollen auch Ras al Khaimah und Sharjah angeflogen werden.

> **Rotana Jet,** Tel. 4443366, www.rotanajet.com

Ausrüstung und Kleidung

In Abu Dhabi gelten keine strikten Kleiderordnungen wie in anderen Ländern der Region. Dennoch sollten die **muslimischen Werte und Anstandsregeln** des Gastlandes respektiert werden. Shorts bei **Männern** – oberhalb der Knie endend – wirken in den Augen vieler Araber lächerlich, da sie hier als Unter- oder Badehose getragen werden. Auch ärmellose T-Shirts sind unangebracht. Knie und Schultern zu bedecken, ist eine knappe Grundregel für beide Geschlechter. Für **Frauen** ist es empfehlenswert, sich blickdicht, bauchnabelbedeckt und nicht zu tief dekolletiert anzuziehen. Damit zeigt frau Anstand und erntet deutlich mehr Respekt.

Man sollte nicht in allzu freizügiger Kleidung zum Stadtbummel starten oder im Strandoutfit durch die Hotellobby spazieren. Wer sich unbedingt sexy zeigen möchte, kann dies beim abendlichen Bar- oder Clubbesuch. Und natürlich am Pool sowie am Strand, wobei es an öffentlichen Stränden besser ist, sich im Badeanzug statt im Bikini zu zeigen. Oben ohne (für Frauen) und FKK (für Männer und Frauen) ist verboten, Tangas sind total unangebracht.

Bestens als **Reisekleidung** geeignet sind leger geschnittene Kleidungsstücke aus leichten Naturfasern wie Baumwolle, Leinen, Hanf oder Seide bzw. Viskose oder Mikrofasern. Da viele Räume klimatisiert sind und es in den Wintermonaten auch am Abend kühler werden kann, sollte man auch an eine leichte Jacke, einen Pullover oder ein Umhängetuch denken.

Den Körper bedeckende Kleidung schützt zudem vor **Sonnenbrand.** Hut, Kappe, Sonnenbrille sowie Sonnencreme sind wichtig (s. S. 103).

Autofahren

Verkehrssituation

Abu Dhabi ist bestens auf den **Autoverkehr** eingestellt. Breite Straßen, begrünte Stadtautobahnen, moderne Brücken und Unterführungen prägen das Bild. In allen Emiraten gilt **Rechtsverkehr**, es besteht **Anschnallpflicht** und man sollte sich genauestens an **Geschwindigkeitsbegrenzungen** halten, denn Radarkontrollen sind häufig und die Strafen für zu schnelles Fahren saftig.

Autofahren in Abu Dhabi erscheint Neulingen mitunter **chaotisch.** Zum einen wegen der nicht ausbleibenden Orientierungsschwierigkeiten, zum anderen wegen der brisanten Kombination aus teilweise waghalsig offensiver und andererseits verschlafen schicksalsergebener Fahrweise der einen umgebenden Verkehrsteilnehmer. Die V.A.E. sind weltweit eines der Länder mit der höchsten Todesrate bei Verkehrsunfällen. Umsichtig und defensiv zu fahren und immer

die Fehler anderer einzukalkulieren, ist mehr als nur ein kluger Ratschlag.

Gewöhnungsbedürftig sind auch die vielen **Kreisverkehre** (engl. *roundabout,* Abk.: R/A). Eine wichtige Praxisregel lautet, dass Fahrzeuge im Kreisverkehr immer (!) Vorfahrt haben, auch wenn sie auf der innersten Spur sind. Man muss vor jeder Ausfahrt damit rechnen, dass Autos von der innersten Spur ausscheren und den Kreisel verlassen. Leider ist es oft so, dass Wagen der äußersten Spur den Kreisverkehr nicht verlassen, sondern geradeaus weiterfahren – alle Manöver übrigens durchaus ohne Blinker.

In puncto **Alkohol** am Steuer gilt eine Nulltoleranzpolitik! Wer getrunken hat, sollte sich auf keinen Fall ans Steuer setzen, denn wer auch nur eine Spur von Alkohol im Blut hat (Vorsicht bei Restalkohol vom Vortag!) und in einen Unfall verwickelt wird – und sei es nur ein harmloser

⌃ Bodenwellen zwingen zum langsamen Fahren

Blechschaden – für den sieht es, egal ob schuldig oder nicht, schlecht aus, und ein paar Nächte auf der Polizeistation und/oder eine Geldstrafe könnten durchaus die Folge sein. Kommt es zu einer Gerichtsverhandlung, so bleibt man je nach Schwere des Unfalls bis dahin in Untersuchungshaft – oder man kommt nach Abgabe des Reisepasses gegen Kaution bis zum Gerichtstermin frei.

Bei einem **Unfall** ist die Polizei zu holen, denn ohne ein von ihr erstelltes Protokoll darf keine Werkstatt ein Unfallauto reparieren und auch die Versicherungen zahlen nichts. Auch wer dem Auto einen nennenswerten Blechschaden zufügt, ohne dass ein anderes Fahrzeug darin verwickelt ist, muss diesen Weg gehen.

Ein Liter **Diesel** kostet ca. 2,5 Dh, die Parkgebühr (arab. *mawaqif*) für zwei Stunden liegt bei 2 bis 4 Dh und die Strafgebühr fürs **Falschparken** bei 200 bis 1000 Dh.

❯ Verkehrspolizei (engl. *traffic police*), Tel. 8004353 bzw. 4196666

Mietwagen

Zahlreiche bekannte **internationale Verleihfirmen** sind in Abu Dhabi vertreten und haben einen Serviceschalter am International Airport. Zudem tätigen diverse Reiseveranstalter und -büros Mietwagenbuchungen.

Um ein Leihauto fahren zu dürfen, benötigt man einen **internationalen Führerschein**. Je nach Wagenklasse muss man mindestens 21 Jahre alt sein und wer einen Allradwagen steuern möchte, muss mindestens 25 Jahre alt sein. Vor Fahrtantritt wird eine Kaution (Höhe je nach Wagentyp) hinterlegt, meist wird das per (vorläufiger) Kreditkartenabbuchung erledigt.

Alle Wagen haben einen elektronischen **Geschwindigkeitswarner**, der ab Tempo 120 anfängt, durch mehr oder weniger lautes Piepen auf sich und die überhöhte Geschwindigkeit aufmerksam zu machen.

Barrierefreies Reisen

Besucher mit eingeschränkter Mobilität finden in Abu Dhabi verschiedene Situationen vor. Einerseits werden immer mehr **öffentliche Gebäude** erfreulicherweise baulich für Menschen mit Behinderung ausgestattet. Auch der **Flughafen** von Abu Dhabi ist barrierefrei und bietet Menschen mit Handicap Golfcaddys zum Transport an. Ähnlich ist die Lage bei den großen **Luxushotels** und Einkaufszentren neueren Datums.

Ältere Gebäude weisen jedoch oftmals baulich unüberwindbare Hürden auf und öffentliche Verkehrsmittel wie Busse oder Taxen sowie die Minibusse und Geländewagen der lokalen Tourveranstalter sind selten barrierefrei.

Um eventuelle Schwierigkeiten von vornherein auszuschließen, sollte man **vor Reiseantritt** seine Fluggesellschaft und auch sein Hotel über die Art seiner Körperbehinderung informieren. Wer die Dienste eines lokalen Tourveranstalters, z. B. für Ausflüge, in Anspruch nehmen möchte, sollte diesen bereits vor Anreise kontaktieren und sein Anliegen erklären. Bei Pauschalreisen sollte sich der Reiseveranstalter darum kümmern.

Taxis für Rollstuhlfahrer kann man buchen über TransAD (s. S. 127).

Faltbare Rollstühle kann man für die Reisedauer mieten bei:

❯ Rentacrib, www.rentacrib.ae, Tel. 04 4477654

Diplomatische Vertretungen

Für Touristen und im Ausland ansässige Ausländer sind die diplomatischen Auslandsvertretungen in **dringenden Notfällen** wie Verhaftung, schweren Verkehrsunfällen, Vermissten- oder Todesfällen, Gewaltverbrechen, Naturkatastrophen oder Unruhen im Land eine wichtige Anlaufstelle.

- **95** [l3] **Embassy of the Federal Republic of Germany**, Al Zahiyah, Abu Dhabi Mall, Towers at the Trade Center, West Tower, 14th Floor, Tel. 6446693, www.abudhabi.diplo.de
- **96** [dl] **Embassy of the Republic of Austria**, Al Reem, Sky Tower, Office Nr. 504, Reem Island, Tel. 6944999, www.aussenministerium.at/abudhabi
- **97** [eo] **Embassy of Switzerland**, Al Safarat, Al Khaleej al Arabi St. im Gebäude des Centro Capital Centre Hotel, Tel. 6274636, www.eda.admin.ch

Ein- und Ausreisebestimmungen

Visum

Deutsche, Österreicher und Schweizer Touristen benötigen ein Visum der Vereinigten Arabischen Emirate, das nicht nur die Einreise nach Abu Dhabi, sondern auch in alle anderen Emirate gestattet. Das **Besuchsvisum** wird für die drei oben genannten Nationalitäten am Flughafen umsonst in den Reisepass gestempelt. Wichtig: Der Pass muss nach der Ausreise noch 6 Monate gültig sein. Der Einreisestempel weist auf die Aufenthaltsdauer von höchstens 30 Tagen hin.

EXTRAINFO

Reisedokument für Kinder
Seit 2012 berechtigen Kindereinträge im Reisepass der Eltern das Kind nicht mehr zum Grenzübertritt. Somit müssen alle Kinder ab Geburt bei Reisen ins Ausland über ein **eigenes Reisedokument** verfügen.

Zoll

Erlaubt ist die **zollfreie Einfuhr** von 400 Zigaretten oder 2000 Gramm Zigarettentabak und einer angemessenen Menge Parfüm. Nichtmuslimische Erwachsene dürfen vier Liter alkoholische Getränke oder 24 Dosen Bier (je maximal 355 ml) einführen. Jegliche Formen von narkotischen Drogen sind verboten. DVDs, CDs und Zeitschriften werden evtl. geprüft: Zeigen sie allzu „freizügige" Abbildungen, können sie konfisziert werden. Emiratische Antigeldwäsche-Gesetze limitieren die Menge an deklarationsfrei einführbarem Bargeld auf umgerechnet 100.000 Dh – egal in welcher Währung.

❯ **Abu Dhabi Customs Administration,** www.auhcustoms.gov.ae

Bei der Einreise könnten Reisende (auch Transitreisende) evtl. auf **Drogen** kontrolliert werden. Auf den Besitz auch nur geringster Mengen (weniger als 0,1 g) stehen mehrjährige Haftstrafen! Selbst der einige Tage zurückliegende Konsum weicher Drogen kann festgestellt und bestraft werden.

Vorsicht ist bei manchen **Medikamenten** geboten, da die Einfuhr von einigen anderswo gängigen Präparaten bzw. deren Inhaltsstoffen verboten ist (z. B. Kodein, Diazepam, Temazepam). In einigen Fällen ist die Einfuhr in der Originalverpackung gestattet, sofern eine ärztliche Bestätigung über den Verwendungszweck und die für die Dauer des Aufenthalts benötigte Menge beigefügt ist.

❯ **Ministry of Health** (List of Controlled Medicines, Guidelines for Carrying of Personal Medicines with Travelers), www.moh.gov.ae, Tel. 80011111; www.uaeinteract.com/travel/drug.asp

In EU-Länder wie Deutschland und Österreich dürfen über 17-Jährige zoll- und umsatzsteuerfrei z. B. folgende Mengen einführen: 200 Zigaretten, 100 Zigarillos, 50 Zigarren oder 250 g Rauchtabak, 1 Liter Spirituosen über 22 Vol.-% und 2 Liter Alkoholika bis 22 Vol.-%. Andere Waren bleiben bis zu einem Wert von 430 Euro abgabenfrei. Die Einfuhr gefälschter Markenprodukte ist verboten.

In die Schweiz darf man pro Person 250 Stück bzw. Gramm Zigaretten bzw. Schnitttabak sowie an alkoholischen Getränken 5 Liter bis 8 Vol.-% und 1 Liter über 18 Vol.-% einführen. Andere im Urlaubsland gekaufte Waren zum Privatgebrauch sind bis zu einem Gesamtwert von 300 Schweizer Franken pro Person abgabenfrei. Auch hier dürfen Markenwaren-Imitate nicht eingeführt werden.

Weitere Infos bieten:

❯ **Deutschland:** www.zoll.de
❯ **Österreich:** www.bmf.gv.at
❯ **Schweiz:** www.ezv.admin.ch

Elektrizität

Die **Stromspannung** in Abu Dhabi beträgt 220 bis 250 Volt bei 50 Hertz. Es treten keinerlei Probleme beim Betrieb von europäischen und japanischen Elektrogeräten auf. Für den Anschluss benötigt man aber **englische, dreipolige Stecker.** Flache Eu-

rostecker kann man in zwei der Pole einstecken, wenn man zum Einstecken mit einem Kuli die Plastiksperre beiseiteschiebt. Für Schukostecker braucht man einen **Adapter.** In den Hotels ist meist eine Steckdose damit ausgestattet, weitere Adapter erhält man auf Anfrage. Zudem sind sie für wenige Dirham in Supermärkten erhältlich.

Film und Foto

Verhalten

Strikt **vermieden** werden sollte die Ablichtung von Herrscherpalästen, Militäranlagen, staatlichen Gebäuden (alle erkennbar an Staatswappen bzw. -flagge), Industrieanlagen und Verkehrseinrichtungen (Flughafen).

Beim Fotografieren (und Filmen) von Menschen ist **Höflichkeit** oberstes Gebot. Es sollten keine Nahaufnahmen von Arabern gemacht werden, ohne sie gefragt zu haben, insbesondere nicht von Frauen.

051ad Abb.: kk

⬒ *Die Landesflagge der Vereinigten Arabischen Emirate*

Ausrüstung

Fotozubehör, Ersatzbatterien, neue Akkus, digitale Speichermedien sowie Filme sind in Fotogeschäften (in großen Einkaufszentren) und großen Supermärkten erhältlich. Ein wichtiger Ausrüstungsgegenstand ist eine **Fototasche**, die vor Stößen, Staub und Feuchtigkeit schützt, vor allem am Strand sowie bei Gelände- und Wüstenfahrten.

Geldfragen

Währung

Die Landeswährung der Vereinigten Arabischen Emirate ist einheitlich und nennt sich **Dirham** (Dh, im Englischen gebräuchliche Abkürzung: AED = Arab Emirates Dirham). Ein Dirham entspricht 100 Fils. Der Dirham ist frei konvertierbar, sein Wechsel-kurs ist an den amerikanischen Dollar gekoppelt.

Der **Wechsel von Devisen** ist in den zahlreich vorhandenen Banken oder Wechselstuben sehr einfach. Vor der Abreise können Dirham in Abu Dhabi unter Inkaufnahme der üblichen Kursabweichungen in Devisen zurückgetauscht werden.

Das Netz der **Geldautomaten** (engl. *automatic teller machines,* Abk. ATM) ist dicht. In jedem Fall findet sich an jeder Bank, in jedem größeren Einkaufszentrum, an Busbahnhöfen und an großen Tankstellen (mindestens) ein Geldautomat.

Wechselstuben

Exchange offices sind die beste Adresse, um Geld zu wechseln. Sie bieten die mit Abstand günstigsten Wechselkurse, die Bearbeitung geht schnell und unkompliziert und ihre Öffnungszeiten sind kundenfreundlicher als die der Banken. Wechselstuben öffnen Sa. bis Do. von etwa 8 bis 13 und 16 bis 20 Uhr. Einige Filialen finden sich in der Hamdan bin Mohammed St. und zudem bietet jedes große **Einkaufszentrum** zumindest ein Wechselbüro, meist sind sie hier auch über Mittag, abends und freitags geöffnet. Einige bekannte Wechselstuben sind:

› **Al Ansari Exchange,** Al Zahiyah, in der Abu Dhabi Mall (s. S. 19), Tel. 6454800; auch Marina Mall, WTC Souq, Al Wahda Mall, Al Falah Plaza, Khalidiyah Mall, Dalma Mall, www.alansariexchange.com

› **Al Fardan Exchange** im WTC Souq **9**, Tel. 6588588, auch in der Dalma Mall (s. S. 20), Al Wahda Mall, Liwa St., Al Zahiyah gegenüber der Abu Dhabi Mall, The Souq at Qaryat Al Beri, www.alfardanexchange.com

052ad Abb.: kk

⌂ *Dirham-Scheine sind auf Arabisch und Englisch beschriftet*

Wechselkurs
(Stand: Ende 2014)

1 Dh	0,22 € / 0,26 SFr
1 €	4,61 Dh
1 SFr	3,80 Dh

Aktuelle Wechselkurse finden sich unter www.oanda.com.

❭ **Lulu Exchange,** Al Wahda, in der Al Wahda Mall (s. S. 19), Tel. 6547101, auch Khalidiyah Mall, www.luluexchange.com

●**98** [F3] **UAE Exchange,** Al Danah, Hamdan St. gegenüber vom WTC Souq ❾, Tel. 6322166, auch Marina Mall, Al Wahda Mall, Baniyas Mall, Khalidiyah Mall, Abu Dhabi Mall, Al Raha Mall, www.uaeexchange.com

Neben diesen großen Firmen gibt es zahlreiche **weitere Wechselstuben** in der Stadt, deren Kurse sich nur wenig voneinander unterscheiden.

Banken

Bankfilialen findet man im Zentrum an den **Hauptgeschäftsstraßen** wie Hamdan bin Mohammed St. oder Zayed the First St. Doch ein Geldwechsel dort bedeutet vergleichsweise schlechtere Wechselkurse und langwierigere Formalitäten als in Wechselstuben.

Bei den **Öffnungszeiten** gilt zu unterscheiden, ob es sich um Privat- oder Staatsbanken handelt. Viele Privatbanken haben Sa. bis Do. von 8 bis 13 Uhr offen, donnerstags schließen einige bereits um 12 Uhr, manche sind auch nachmittags von 16 bis 18.30 Uhr geöffnet. Staatsbanken öffnen So. bis Do. von 8 bis 13 Uhr.

Reisekasse

Was mitnehmen: Plastikkarte oder Bargeld? Beides! Zum Bezahlen größerer Beträge (bei Hotels und Mietwagenfirmen, in Boutiquen und Goldläden), zum Shoppen in Einkaufszentren sowie zum Geldabheben an den unzähligen Geldautomaten eignen sich **Kreditkarten** und **Debit-(EC-)Karten.**

Viele Banken sperren die Debit-(EC-)Karten aus Sicherheitsgründen für den **Einsatz im außereuropäischen Ausland** oder beschränken den Verfügungsrahmen. Außerdem statten einige deutsche Banken ihre Geldkarten mit der Bezahlfunktion **V PAY** (www.vpay.de) aus, bei der nicht der kopierbare Magnetstreifen, sondern der Chip ausgelesen wird. Das hat zur Folge, dass an Bankautomaten außerhalb der EU mit solchen Karten kein Geld gezogen werden kann, da die Automaten die Chips nicht lesen können.

Wer im Ausland mit seiner Debit-(EC-)Karte bezahlen oder Bargeld abheben möchte, sollte sich im Vorfeld bei seiner Bank erkundigen und die Karte ggf. für das Reiseland freischalten lassen.

Je nach Hausbank sind die Auslandsgebühren unterschiedlich, daher sollte sich jeder vor Reiseantritt nach der günstigsten Möglichkeit erkundigen.

Einen Teil der Reisekasse sollte man als **Bargeld** mitführen, da dies manchmal lieber angenommen wird als eine Kreditkarte. Viele Mietwagenagenturen akzeptieren aber nur Kreditkarten.

In den zahllosen *exchange offices* geschieht der Wechsel in emiratische Dirham schnell und unkompliziert – auch bei der Ankunft am Flughafen.

Abu Dhabi preiswert

Wie überall ist manches in Abu Dhabi teurer und manches preisgünstiger als zu Hause. Allgemein preiswerter sind Fahrten mit dem **Taxi** oder dem **Bus** (s. S. 126). Auch kostet es vergleichsweise wenig, in einem der vielen kleinen **Restaurants** oder **Imbisse** zu essen - für unter 20 Dh kann man sich satt essen (siehe „Preiswerte und schnelle Imbisse", S. 28). Weit verbreitet ist arabische, indische und pakistanische Kost. Wenn man durstig ist, kann man für nur 1,5 Dh eine Dose **Limonade** oder **Mineralwasser** aus dem Automaten ziehen. Ein abends vielerorts angebotener, mit 5 bis 8 Dh preiswerter **Snack** ist ein „Shawarma"-Sandwich, das aus auf dem Drehspieß gegrilltem Lamm- oder Hühnchenfleisch besteht, welches mit Soße in einem Fladenbrot eingerollt wird. **Markenzigaretten** kann man ab 9 Dh kaufen und ins Kino zu gehen kostet vergleichsweise erschwingliche 40 Dh. Zudem ist es preislich attraktiv, sich **Kleidungsstücke maßschneidern** zu lassen: Zahlreiche versierte Schneider nähen Blusen oder Hemden ab 50 Dh, lange Kleider ab 100 Dh oder Anzüge ab 1500 Dh.

Festnetztelefongespräche innerhalb der V.A.E. können kostenfrei sein (je nach Tarifpaket des Telefonanschlusses). Vielerorts stehen Telefonapparate, die jeder nutzen kann, ansonsten nachfragen: „Can I make a local call, please?".

Im Heritage Village ❼, in der Shaikh Zayed Grand Mosque ⓭ und in The Saadiyat Story (s. S. 76) hat man **kostenlosen Eintritt.** Außerdem bieten etliche Sehenswürdigkeiten wie das Falkenkrankenhaus ⓴ (jünge-

ren) Kindern freien Eintritt. Der Zugang in städtische Parks (s. S. 37) in Abu Dhabi ist oft frei oder kostet nur 1 Dh. Auch manche Teile des Vorzeigestrands an der Corniche ❶ kann man kostenlos nutzen, sogar Toiletten, Umkleidekabinen etc. sind vorhanden.

In den Wintermonaten werden, zumeist am Wochenende, **Kamelrennen** (s. S. 113) abgehalten - Eintritt muss man nicht zahlen. Auch etliche Kulturfestivals sind gratis, z. B. das Shaikh Zayed Heritage Festival (s. S. 43).

Die Abu Dhabi Tourism & Culture Authority ist Herausgeber der **Gratiszeitschrift** „Seyaha", in der es um touristische Themen geht. Als PDF-Download ist sie unter www.tcaabudhabi.ae zu finden. Die Hefte liegen aber z. B. auch bei manchen Fluggesellschaften aus. Ebenfalls gratis ist das wöchentliche Veranstaltungsmagazin „Abu Dhabi Week", das man in Einkaufszentren oder an Tankstellen erhält.

Gratis Bus fahren können Yas-Besucher mit dem Yas Express (s. S. 77).

Frauen bekommen an bestimmten Abenden **(Ladies' Night)** in zahlreichen Bars, Lounges und Klubs verbilligte oder freie Getränke, so beispielsweise: montags im Cheers im Al Ain Palace Hotel; dienstags im Hemmingway's im Hilton, im Etoiles im Emirates Palace und in der B-Lounge des Sheraton Abu Dhabi Hotel & Resort; mittwochs im PJ O'Reilly's im Le Royal Meridien, im Cristal im Millennium Hotel, im The Yacht Club im InterContinental, im Sax im Le Royal Meridien und im Left Bank im The Souq At Qariat Al Beri; donnerstags im Zenith im Sheraton Abu Dhabi Hotel & Resort und im Club So-HI by Relax@12 im Aloft Hotel; samstags in der Pearls Bar im Shangri-La Hotel.

Gesundheitsvorsorge

Wer als gesunder Mensch nach Abu Dhabi reist, braucht keine übermäßige Vorsorge zu treffen. Für die Einreise aus Mitteleuropa ist **keine Impfung vorgeschrieben**. Das Risiko, an verunreinigten Nahrungsmitteln zu erkranken, ist genauso niedrig wie zu Hause.

Im feucht-heißen Klima der südlichen Golfregion wird man besonders in den ersten Tagen viel schwitzen. Wichtig ist es, **viel zu trinken**, mindestens zwei bis zweieinhalb Liter täglich (Mineralwasser, Fruchtsäfte oder Tee).

Die mit Abstand häufigste Erkrankung ist eine **Erkältung.** Da nahezu alle Gebäude mit einer Klimaanlage ausgestattet sind, sollte man sich bei einem längeren Innenaufenthalt mit einem Pullover oder einer leichten Jacke vor Unterkühlung schützen. Das Erkältungsrisiko wird dadurch erhöht, dass Temperaturunterschiede zwischen draußen und drinnen bis zu 20 °C betragen können und man verschwitzt die kühlen Innenräume betritt. Am besten nicht unter den direkten Luftstrom einer Klimaanlage setzen oder darunter schlafen.

Einen **Sonnenbrand** sollte man nicht nur vermeiden, weil er schmerzt. Viel folgenreicher sind mögliche Spätschäden wie vorzeitige Hautalterung oder gar Hautkrebs. Vermeiden kann man Sonnenbrand, indem man sich möglichst oft im Schatten aufhält, Sonnencreme mit UV-A-und UV-B-Filter, die fotostabil ist und mindestens Lichtschutzfaktor 15 hat, mehrmals täglich aufträgt und möglichst viel Haut bedeckt hält. Keinesfalls sollte man sich in der Mittagszeit zu lange der Sonne aussetzen, denn bei zusätzlicher körperlicher Anstrengung und beengender Kleidung kann es zum Hitzekollaps kommen. Wenn der unbedeckte Kopf zu viel Sonne abbekommt, kann ein Sonnenstich die Folge sein – also Hut, Käppi oder Tuch aufsetzen.

Hygiene

Die hygienischen Zustände in Abu Dhabi sind ähnlich wie bei uns. Restaurants müssen sich an Hygieneregeln halten und tun dies meist auch **tadellos.** In einfachen Lokalen oder kleinen Straßenimbissen muss man manchmal Abstriche in Kauf nehmen, obwohl es auch dort relativ sauber ist.

Um die Sauberkeit der Straßen und **öffentlichen Toiletten** ist es in der Regel gut bestellt. Wer **Müll** achtlos auf die Straße und nicht in die vorgesehenen Abfallbehälter wirft, muss mit hohen Bußgeldern (500 Dh) rechnen.

Informationsquellen

Touristeninformation

Die Abu Dhabi Tourism & Culture Authority ist die **staatliche Informationsstelle** für touristische (sowie kulturelle und geschäftliche) Angelegenheiten.

In Deutschland

❯ **Abu Dhabi Tourism & Culture Authority Auslandsbüro Deutschland**, Goethestraße 27, 60313 Frankfurt, Tel. 069 299253920. Auch zuständig für Österreich und die Schweiz.

In Abu Dhabi

❶ **99** [eo] **Abu Dhabi Tourism & Culture Authority**, Hauptbüro Al Matar, Shaikh Zayed Bin Sultan St., beim Khalifa Park,

Tel. 4440444, kostenlose Hotline Tel. 800555, www.visitabudhabi.ae, www.tcaabudhabi.ae. Zudem gibt es eine Servicestelle an der Maqtaa-Brücke im rekonstruierten Al Maqtaa Fort (geöffnet: So.–Do. 8–16 Uhr). Informationsschalter finden sich am Internationalen Flughafen (Ankunft, Terminal 1), im WTC Souq ❾ und in der Ferrari World ❶❻ sowie in Al Ain im Al Jahili Fort ❷❹. Zudem sind in diversen Einkaufszentren und Hotels Touchscreen-Computer aufgestellt.

Die Stadt im Internet

› www.sheikhkhalifa.ae, www.uaepresident.ae. Websites des Präsidenten der V.A.E., auf Englisch.
› www.ourfatherzayed.ae, www.sheikhzayed.com. Informationen über den verstorbenen Staatsgründer Shaikh Zayed, auf Englisch bzw. Deutsch.
› www.abudhabi.ae. Internetportal der Regierung des Emirats Abu Dhabi, auf Englisch.
› www.uaeinteract.com. Vielfältige Website des National Media Council, auf Deutsch.
› www.wam.ae. Aktuellste Nachrichtenmeldungen der Emirates News Agency, auf Englisch.
› www.visitabudhabi.ae, www.tcaabudhabi.ae. Touristische Infos der Abu Dhabi Tourism & Culture Authority, auf Deutsch bzw. Englisch.
› www.uaetourism.ae. Informationen des V.A.E. Tourismus- und Kulturministeriums, auf Englisch.
› www.government.ae. Regierung der V.A.E. Informationen über die V.A.E., Online-Service für Besucher, Infos zu Visa, Links etc., auf Englisch.
› www.adm.gov.ae. Website der Stadtverwaltung Abu Dhabi, auf Englisch.
› www.liveworkexplore.com. Tipps zum Leben, Arbeiten und Entdecken sowie Veranstaltungshinweise, auf Englisch.

› www.timeoutabudhabi.com. Infos zu Veranstaltungen aller Art, auf Englisch.
› www.thecapitallist.ae. Veranstaltungen und Nightlife, auf Englisch.
› www.abudhabiweek.ae. Onlineversion des kostenlosen Veranstaltungsmagazins, auf Englisch.
› www.abu-dhabi.de. Onlinemagazin und Reiseführer, auf Deutsch.
› www.askali.com. Kulturtipps vom Insider Ali Alsaloom, auf Englisch.
› https://geoportal.abudhabi.ae. Unter „GeoSpatial Portal" und „Mapviewer" findet sich eine sehr detaillierte interaktive Karte von Abu Dhabi, auf Englisch.
› www.expat-blog.com. Blog von und für Expatriates, die vornehmlich aus Mitteleuropa und den USA stammen und in Abu Dhabi arbeiten, auf Englisch.
› www.abudhabiwoman.com. Blog von und für Frauen, die in Abu Dhabi leben, auf Englisch.
› www.exploretheemirates.com. Auf dieser Site finden sich kurze Filme zu Sehenswürdigkeiten, auch historische Aufnahmen, auf Englisch.
› www.ead.ae. Environment Agency Abu Dhabi, vielfältige Informationen zu Umweltschutzthemen, auf Englisch.
› www.arkive.org/uae. Unter „Jewels of the UAE" finden sich zahlreiche Videos und Fotos zur Tier- und Pflanzenwelt, auf Englisch.
› www.discover-middleeast.com. Deutsches Kultur- und Wirtschaftsmagazin, auf Deutsch.
› www.abudhabi-cb.ae. Abu Dhabi Convention Bureau, auf Englisch.

Publikationen und Medien

In Abu Dhabi sind vor allem die **englischsprachigen Zeitungen und Zeitschriften** für Touristen interessant, sie werden in Supermärkten, an Straßenständen sowie in Buchläden mit englischsprachiger Literatur verkauft. Die bekanntesten **Tageszeitungen** sind „Gulf News" (www.gulfnews.com), „The Gulf Today" (www.gulftoday.ae), „The National" (www.thenational.ae) und „Khaleej Times" (www.khaleejtimes.com). „XPRESS" (www.xpress4me.com) ist eine Gratistageszeitung, die vielerorts ausliegt.

Sehr empfehlenswert ist die alle zwei Monate erscheinende englischsprachige Zeitschrift „liveworkexplore", die sich den Themen Leben, Arbeiten und Entdecken in Abu Dhabi (bzw. in den Emiraten insgesamt) widmet.

Das wöchentlich erscheinende **Veranstaltungsmagazin** „Time out Abu Dhabi" (www.timeoutabudhabi.com) bietet viele Tipps und Adressen zu Freizeit- und Sportmöglichkeiten sowie Termine von Events, Ausstellungen und Messen. Ähnliches findet man im Veranstaltungsmagazin „What's on", das monatlich erscheint. Jeden Dienstag gibt es die kostenlose Zeitschrift „Abu Dhabi Week" (www.abudhabiweek.ae).

Diverse Zeitschriften (z. B. Seyaha, Consierge, What's on) verschiedener Herausgeber kann man **gratis online** lesen unter www.issuu.com.

Apps

Alle im Folgenden genannten Smartphone-Applikationen sind kostenfrei erhältlich über die unten aufgeführten Urheberwebsites, manche auch in den App-Stores der entsprechenden Betriebssysteme.

❯ **Visit Abu Dhabi:** Touristische Informationen der Abu Dhabi Tourism & Culture Authority (www.visitabudhabi.ae, für Android und iOS).

Meine Literaturtipps

❯ **Wilfred Thesiger:** „Die Brunnen der Wüste: Mit Beduinen durch das unbekannte Arabien". NG Taschenbuch 2013. 1959 verfasste Erzählung des britischen Forschungsreisenden Thesiger (s. S. 87) über seine Reisen durch die Emirate und Oman – ein „Muss" für alle Wüstenfreunde!

❯ **Frauke Heard-Bey:** „Die Vereinigten Arabischen Emirate zwischen Vorgestern und Übermorgen: Die Gesellschaft eines Golf-Staates im Wandel." Olms Verlag 2010. Sehr detailliert und verständlich beschreibt die Landeskennerin die V.A.E. mit ihren vielen Facetten.

❯ **Mohammed Al Fahim:** „Vom Wüstensand zum Wohlstand". Deutsche Übersetzung des Buches „From Rags to Riches". Persönliche, anschauliche Zeitzeugengeschichte zum Aufstieg Abu Dhabis vom Fischerdorf zur Metropole. Antiquarisch erhältlich.

❯ **Lamya Kaddor und Rabeya Müller:** „Der Islam. Für Kinder und Erwachsene." Die Grundlagen des Islam für Klein und Groß. Als Audio-CD (cbj audio 2012) oder als Taschenbuch (C.H. Beck Verlag 2012).

❯ **Jotiar Bamarni:** „Muhammad. Die faszinierende Lebensgeschichte des letzten Propheten." ILS-Media AG 2010, www.muhammadhoeren.wordpress.com. Sehr stimmungsvolles, 410 Min. langes Hörspiel über das Leben des legendären Propheten, ideal für Lesemuffel.

❯ **Gabi Kratochwil:** „Die neuen arabischen Frauen. Erfolgsgeschichten aus einer Welt im Aufbruch." Orell Füssli Verlag 2012. In 27 Porträts werden erfolgreiche Frauen aus diversen arabischen Ländern vorgestellt.

> **TimeOut Abu Dhabi:** Magazin mit aktuellen Veranstaltungs-, Gastronomie-, Party- und Einkaufstipps (www.timeout abudhabi.com, für Android und iOS).

> **Emirates 24/7:** V.A.E.-Nachrichten (www.emirates247.com, für Android und iOS).

> **UAE Yellow Pages:** Mobiles Telefonnummern-Branchenbuch (www.yellowpages.ae, für Android und iOS).

> **Yalla Emirates:** Gutscheine, Coupons, Rabatte zum Einkaufen und Essengehen, für Partys, Freizeitaktivitäten, Veranstaltungen, Sightseeing … (www.yallaemirates.com, für Android und iOS).

> **UAE Government Apps:** Für Bürger der V.A.E. konzipiert, bieten manche Regierungs-Apps auch Funktionen für Urlauber (www.apps.gov.ae, für Android und iOS).

Internet und Internetcafés

Internetzugang hat man in allen **Hotels** und in vielen **Cafés.** Computernutzung bieten **Internetshops bzw. -cafés** sowie **Gamingshops.** Nahezu jedes große Einkaufszentrum bietet WLAN, wenn nicht im gesamten Gebäude, dann in Teilbereichen wie Lobby oder Food Court oder in Cafés, Fast-Food-Restaurants und Bistros. Beispielsweise bieten die folgenden – zumeist in den großen Einkaufszentren angesiedelten – Café- bzw. Coffeeshop-Ketten ihren Gästen WLAN: Barista, Coffee Bean & Tea Leaf, Costa Coffee, Second Cup, Starbucks, Tim Hortons. In Cafés und Internetshops zahlt man meist 10 bis 20 Dh pro Stunde, in Hotels ist der Internetzugang teurer.

@100 [D3] **Cuba Café,** Al Khalidiya, Rückseite der Zayed the First St., nahe der Kreuzung mit der Mubarak bin Moham-

med St., Tel. 6653330, geöffnet: 9–1 Uhr. Café mit Internetraum, Kaffee und Shishas verschönern das Surfen.

@101 [F3] **Katia Café and Restaurant,** Al Danah, Hamdan bin Mohammed St., am WTC Souq, Tel. 6224400, geöffnet: Sa.–Do. 10–1, Fr. 16–1 Uhr. Restaurant und Café mit Computerkabinen, auch Wasserpfeifen.

> Wer **mobil online** sein möchte, dem bietet die vorbezahlte **Etisalat** Handy-SIM-Karte „Visitor Line" für 35 Dh 100 MB (plus 25 Gesprächsminuten sowie 25 SMS), Guthabenaufladung möglich, 30 Tage Gültigkeit, ohne Vertragsbindung. Infos zum Internetzugang, zu Gebühren und zu Hotspots beim Kundenservice, Tel. 800101, aus dem Ausland Tel. 00971 400444101, www.etisalat.ae.

> Auch der Telekommunikationsanbieter **du** bietet vertragsfreien und vorbezahlten Internetzugang. Für Touristen interessant sind die SIM-Karten „Visitor Mobile Line" und „Pay as you go", die mobile Anrufe, SMS, MMS und verschiedene Datenpakete beinhalten. Infos, Hotspots und Gebühren beim Kundenservice: Tel. 800155, aus dem Ausland Tel. 00971555678155, www.du.ae.

WLAN-Hotspots findet man unter:
> www.etisalat.ae
> www.du.ae

Maße und Gewichte

Offiziell gilt das **metrische System,** allerdings sind durch das lange intensive Verhältnis zu Großbritannien manchmal noch britische Maße gebräuchlich.
> 1 Gallone = 4,54 Liter
> 1 Barrel = 159 Liter
> 1 Unze = 28,35 Gramm
> 1 Pfund = 453,59 Gramm
> 1 Fuß = 30,48 Zentimeter

Medizinische Versorgung

Abu Dhabi verfügt über ein **gut organisiertes Gesundheitssystem.** Neben staatlichen und privaten Krankenhäusern gibt es private Arztpraxen und sogenannte *clinics,* **Gemeinschaftspraxen** verschiedener Fachärzte in einem Gebäude. In Quartieren, in denen überwiegend Gastarbeiter wohnen, gibt es sehr einfache Praxen, deren Besuch nicht anzuraten ist.

Staatliche Krankenhäuser sind für Notfälle ausgestattet. Für Touristen war die Notfallbehandlung dort bislang kostenfrei, jedoch werden inzwischen durchaus auch Gebühren erhoben, die aber nicht allzu hoch sind. In **Privatkliniken** muss man Behandlungen oder Untersuchungen direkt bezahlen.

Wer zu Hause eine private **Auslandskrankenversicherung** abgeschlossen hat, bekommt die Kosten nach Vorlage von Quittungen und Bescheinigungen erstattet.

Medizinischer Notfall

Wer die **Notfallambulanz** eines Krankenhauses ruft, sollte möglichst genau seinen Standort beschreiben – am besten klappt dies, wenn man den Straßennamen in Kombination mit dem Stadtviertel und markanten Orientierungspunkten beschreibt.

❯ **Notfallambulanz:** Tel. 998

Empfehlenswert sind die täglich von frühmorgens bis Mitternacht geöffneten **Notfallzentren** der Sheikh Khalifa Medical City:

➕**102** [cm] **Ettihad Urgent Care,** Al Wahda, Fatima Bint Mubarak St., Tel. 4455201

➕**103** [D4] **Khalidiya Urgent Care,** Mubarak bin Mohammed St., King Khalid bin Abdul Aziz (26.) St., neben der Khalidiyah Mall, Tel. 4170100

Krankenhäuser

➕**104** [eo] **Al Noor Hospital,** Al Matar, Shaikh Rashid bin Saeed al Maktoum St., Tel. 6265265, www.alnoorhospital. com. Privatkrankenhaus mit Notfallservice und 24-Std.-Apotheke. Ein weiteres Al Noor Hospital befindet sich an der Shaikh Rashid bin Saeed al Maktoum St., kurz vor der Shaikh Zayed Grand Mosque.

➕**105** [I3] **Al Salama Hospital,** Al Danah, Hamdan St., Tel. 6711220, www.alsalamahospital.com. Privatkrankenhaus im Zentrum mit 24-Std.-Apotheke.

➕**106** [G3] **Lifeline Hospital,** Al Danah, Shaikh Zayed the First St., Ecke Sultan Bin Zayed The First St., Tel. 6335522, www.lifelineauh.com. Privatkrankenhaus im Stadtzentrum mit 24-Std.-Apotheke, verschiedene Abteilungen.

➕**107** [E5] **Sheikh Khalifa Medical City,** Al Bateen, Hauptgebäude Shaikh Rashid bin Saeed al Maktoum St. Ecke Al Falah St., Tel. 8190000, www.skmc. ae. Staatliches Medizinzentrum, bietet hohen internationalen Standard und vereint verschiedene Einrichtungen, auch 24-Std.-Apotheke.

Zahnkliniken

➕**108** [F3] **Abu Dhabi Dental Center,** Al Danah, zwischen Shaikh Rashid bin Saeed al Maktoum St. und Madinat Zayed Shopping Centre, Tel. 8191427, www.ahs.ae

➕**109** [dn] **Al Dhafra Dental Center,** Hadabat al Zaafaran, 5th St., Tel. 8194110, www.ahs.ae

➕**110** [B4] **Modern German Dental Clinic,** Al Bateen, Baynunah St. Al Bateen Complex C6 Tower, Tel. 6673235. Mit deutscher Zahnärztin.

› Folgende der oben genannten **Krankenhäuser** haben eine Dentalabteilung: Lifeline Hospital, Sheikh Khalifa Medical City, Al Salama Hospital, Al Noor Hospital

Apotheken

Apotheken *(pharmacies)* finden sich viele in Abu Dhabi, meist entlang wichtiger **Geschäftsstraßen** und in nahezu jedem **Einkaufszentrum**. In großen Filialen sind auch medizinisches Zubehör, Babynahrung, Kosmetikprodukte und ähnliche Dinge erhältlich. In den meisten Fällen haben Apotheken von frühmorgens bis zum Abend geöffnet – manche unterbrochen durch eine Mittagspause. Das Apothekenpersonal spricht meist gut englisch.

In großen Supermärkten finden sich verschreibungsfreie Medikamente und Erste-Hilfe-Utensilien.

Folgende der oben genannten Krankenhäuser haben eine rund um die Uhr geöffnete **Notfallapotheke** *(pharmacies on duty):* Lifeline Hospital, Sheikh Khalifa Medical City, Al Salama Hospital, Al Noor Hospital. Aktuelle Infos zu weiteren Notfalldiensten findet man in den Tageszeitungen.

Mit Kindern unterwegs

Abu Dhabi eignet sich gut für einen Familienurlaub, denn die Menschen sind hier ausgesprochen **kinderfreundlich**. Alles, was man braucht, wenn man mit Kindern verreist, kann man vor Ort bekommen, sodass nichts auf Vorrat mitgebracht werden muss. In **Hotels** kann man sich ein Zusatzbett aufstellen lassen und zahlt meist lediglich einen Aufschlag auf den Doppelzimmerpreis (je nach Kindesalter auch gratis). Kinderpools sind meist vorhanden und einige große Hotels bieten einen pädagogisch betreuten Spielklub. In vielen **Restaurants** können Kleinkinder verbilligt essen, bekommen Geschenke oder ihre Getränke kostenlos aufgefüllt. Meist gibt es Hochstühle. Die weitverbreiteten Fast-Food-Restaurants und Food Courts der Einkaufszentren sind mit einem Spielbereich ausgestattet.

In Abu Dhabi vergnügen sich Kinder gerne in den grellbunten Plastikwelten von klimatisierten **Unterhaltungszentren**, die in den Einkaufszentren zu finden sind (s. S. 19). Für Kinder bis 12 Jahren bieten diverse „Fun City"-Edutainmentzentren jede Menge Spiel- und Lernanreize, z. B. in der Marina Mall ❻ und der Abu Dhabi Mall. Infos: www.funcity.ae.

Zu kühleren Nachmittags- und Abendstunden kann man auch einen Ausflug in einen **Park** unternehmen, hier gibt es Platz zum Toben und Spielgeräte. Gut geeignet sind

055ad Abb.: kk

die Parks an der Corniche ❶, die **Children's Parks** in den Stadtteilen Al Khalidiya und Al Mushrif (Zutritt nur für Frauen und Kinder). Toll ist auch der riesige Shaikh Khalifa Park nahe am Festland, denn ein Teilbereich davon ist der **Al Murjan Splash Park** mit seinen Wasserspielattraktionen.

Vor allem bei Kindern ist selbstverständlich genau auf **Gesundheit und Sonnenschutz** zu achten.

❯ **TimeOut Kids Abu Dhabi** ist ein speziell für Familien konzipiertes Veranstaltungsmagazin (www.timeoutabudhabi.com).

● **111** [eo] **Al Murjan Splash Park,** im Khalifa Park, Tel. 050 8781009, www.adm.gov.ae, geöffnet: März–Mai 10–19, Juni–Sept. 14–23, Nov.–Feb. So.–Do. 15–19, Fr./Sa. 10–19 Uhr. Di./Mi. haben nur Frauen und Kinder (Jungen nur bis zum Alter von 8 Jahren) Einlass, Eintritt ab 75 cm Körpergröße 40 Dh, unter 75 cm freier Eintritt. Bietet Kindern zwischen 3 und 12 Jahren verschiedene Wasserspaß-Attraktionen.

● **112** [C3] **Children's Park (1),** Al Khalidiya

● **113** [cn] **Children's Park (2),** Al Mushrif

● **114** [E2] **Family Park,** an der Corniche

⓰ [im] **Ferrari World.** Dem Ferrari-Rennsport verschriebener Freizeitpark.

⓱ [im] **Yas Waterworld.** 15 Hektar großer Freizeitpark mit verschiedenen Wasserspaß-Attraktionen.

Notfälle

In Not geratene Reisende wenden sich z. B. bei Verlust von Reisedokumenten oder bei juristischen Problemen am besten an die **Auslandsvertretung** (s. S. 98) ihres Heimatlandes. **Verletzte eines Verkehrsunfalls**

◁ *Abu Dhabi bietet Familien vielerlei Freizeitspaß*

werden immer in die Sheikh Khalifa Medical City transportiert (s. S. 107).

Notrufnummern

In Abu Dhabi gibt es folgende Notrufe:
❯ **Feuerwehr:** Tel. 997
❯ **Ambulanz:** Tel. 998
❯ **Polizei:** Tel. 999

Polizei

● **115** [cn] **Polizeihauptquartier (Police General Headquarters),** Al Mushrif, Shakhbout Bin Sultan St., Tel. 4461461, www.adpolice.gov.ae. Polizeistationen *(police stations)* gibt es in vielen Stadtteilen, z. B. am östlichen Ende der Corniche, Ecke Al Meena St., in Al Khubeirah, Zayed the First St., sowie in Al Danah, Al Falah St. Ecke Fatima Bint Mubarak St.

❯ **Touristenpolizei** *(tourism police),* Tel. 8002626. Büros dieser speziellen Polizeisektion finden sich z. B. am Corniche-Strand, Gate 3 und 6; auch am Al Bateen Strand (s. S. 39).

❯ **Verkehrspolizei** *(traffic police),* Tel. 8004353 und 4196666

Verlust von Bankkarten oder Pässen

Vorsichtshalber sollte man vor der Reise zwei **Kopien** von Kredit- und Maesto-(EC-)Karte, Reisepass, Flugticket und Reiseversicherungspolice anfertigen – eine Kopie lässt man zu Hause und die andere bewahrt man während des Urlaubs getrennt von den Originalen auf. So ist die Beschaffung von Ersatz später einfacher.

Auch sollte man seine **Handy-SIM- sowie IMEI-Nummer** (elektronische Zulassungsnummer, erscheint nach Eingabe des Tastencodes Stern-Raute-Null-Sechs-Raute auf dem Display) plus ggf. Kundennummer oder -kennwort notieren.

Kopien von Personalausweis oder Führerschein sind eher zweitrangig, denn diese können ohnehin nur von den Behörden des Heimatortes ersetzt werden.

Der **Verlust von Bank- und Kreditkarten** sollte bei der kontoführenden Bank gemeldet werden. In Deutschland gibt es mit der **Tel. 116116** einen gebührenfreien zentralen **Sperrnotruf** für Medien, die einer elektronischen Gültigkeitsprüfung unterzogen werden können (Bank- und Kreditkarten, SIM-Karten, elektronische Identitätsfunktion des neuen Personalausweises, Kundenkarten mit Zahlungsfunktion usw., www.sperr-notruf.de). Um den Missbrauch von EC-Karten im elektronischen Lastschriftverfahren, also mit gefälschter Unterschrift im Einzelhandel, zu verhindern, sollte man deren Verlust zudem beim **Sperrsystem Kuno** melden (www.kuno-sperrdienst.de, Tel. 0800 1044403) und polizeilich anzeigen.

Sollte die gesamte **Reisekasse**, die niemals nur aus Bargeld bestehen sollte, verloren sein, so kann man sich aus dem Heimatland über eine Transferfirma wie z. B. Western Union (www.westernunion.com) oder MoneyGram (www.moneygram.com) schnell Geld senden lassen.

Hat man den **Reisepass** verloren, muss man dies polizeilich melden und sich bei den diplomatischen Auslandsvertretungen seines Heimatlandes (s. S. 98) über Ersatzmöglichkeiten bzw. Ausreiseformalitäten erkundigen.

▷ Freizeitradler drehen ihre Runden auf der Formel-1-Rennbahn des Yas Marina Circuit ⑮

Öffnungszeiten

Muslimisch oder westlich?

Die Öffnungszeiten passen sich zum Teil an westliche Gegebenheiten an, zum Teil an muslimische. Zwischen Privat- und Regierungssektor ist eine Zweiteilung zu beachten: Regierungsstellen und Staatsbetriebe haben Freitag und Samstag ein **arbeitsfreies Wochenende**, Privatfirmen können ihre Zeiten frei gestalten, die meisten sind freitags geschlossen, manche bieten einen 7-Tage-Service.

Geschäfte und Restaurants haben oft jeden Tag geöffnet. Zur Zeit des wichtigen Gebets am **Freitagmittag** haben aber viele (nicht alle!) zwischen ca. 11.30 und 16 Uhr geschlossen. Manche öffnen freitags erst am Nachmittag. Im muslimischen Fastenmonat Ramadan gelten andere Öffnungszeiten (s. S. 44).

Kernzeiten

❯ **Geschäfte (Straße, Souqs):** 9–13, 16–20 Uhr, zum Teil freitagmittags geschlossen oder freitags nur nachmittags geöffnet

❯ **Geschäfte (Malls, große Einkaufszentren):** 10–22 Uhr, zum Teil freitagmittags geschlossen oder freitags nur nachmittags geöffnet

❯ **Supermärkte:** tägl. 9–22 Uhr, zum Teil 24 Stunden geöffnet, kleinere schließen freitags über Mittag

❯ **Staatliche Firmen, Behörden, Banken, Büros** (auch Botschaften und Konsulate): So.–Do. 8–14 Uhr, zum Teil im Sommer eine Stunde früher geschlossen

❯ **Private Firmen, Banken:** unterschiedliche, firmenbestimmte Arbeitstage mit muslimisch-arbeitsfreiem Freitag oder staatlich orientiertem freien Samstag; Bürozeiten 9–14 und 16–20 Uhr

Post

Emirates Post

✉ **116** [G4] **Abu Dhabi Central Post Office**,
Al Danah, neben dem Madinat Zayed
Shopping & Gold Centre, Tel. 6107211,
6107101, geöffnet: Sa.–Do. 9–17 Uhr.
Zweigstellen in der Hamdan bin Moham-
med St. (Hamdan Post Office); am Flug-
hafen (Airport Post Office); Al Bateen
neben der Al Bateen Mall (Al Bateen Post
Office); Al Zahiyah neben dem Le Meri-
dien Hotel (Al Nadi Sayahi Post Office);
Al Khalidiya beim Oryx Hotel (Khalidiya
Post Office); ADNEC im Capital Gate
Tower (Exhibition Centre Post Office).
> **Emirates Post**, Callcenter-Tel.
600599999, www.epg.gov.ae

Porto

Briefmarken sind oft an Hotelrezep-
tionen erhältlich. Das Luftpostporto
nach Deutschland, Österreich und in
die Schweiz beträgt:
> **Briefe:** bis 20 g 5 Dh,
20–50 g 10 Dh
> **Postkarte:** 3 Dh

Internationale Kurierdienste

> **DHL Worldwide Express**, www.dhl.co.ae,
Tel. 8004004
> **Empost**, www.empostuae.com,
Tel. 600565555
> **United Parcel Service**, www.ups.com,
Tel. 8004774

Radfahren

In Abu-Dhabi-Stadt Rad zu fahren, ist
keinem Touristen anzuraten und nur
wenige Gastarbeiter zeigen Mut zum
Risiko bzw. Schicksalsergebenheit
(dies dann aber durchaus auch entgegen der Fahrtrichtung). Mit einer
Rücksichtnahme der Autofahrer brauchen Radfahrer nicht zu rechnen.

In Abu Dhabi kann man aber sehr
einfach **Fahrräder mieten** und zumindest ein paar wenige Stadtarea-
le erkunden. Mal wieder ist die **Corniche ❶** hierfür bestens geeignet.
Im Grunde ist das Radfahren entlang
der 7 km langen Uferstraße ideal: Es
gibt geteerte Radwege, Bänke zum
Rasten und Cafés zum Einkehren.
Es werden sogar geführte Radtouren
entlang der Prachtmeile veranstaltet.

Auch auf der von der Corniche ab-
zweigenden **Wellenbrecherhalbinsel**
(Breakwater, s. S. 65) kann man
gut radeln und von dort den Skyline-
Blick genießen. Außerdem kann man
die **Insel Yas** gut per Fahrrad kennenlernen, denn dort wurden Radwege
angelegt.

Jeden Dienstagabend dürfen Radfahrer im Rahmen von „Train Yas"
nach Voranmeldung umsonst auf der
**Formel-1-Rennstrecke Yas Marina
Circuit ⑮** Rad fahren (Tel. 6599800,
www.yasmarinacircuit.com) – möglich z. B. mit Leihrädern von Fun Ride

056ad Abb.: kk

Sports (s. u.) oder der Noukhada Adventure Company (s. S. 118).

> **Fun Ride Sports** (Tel. 5566113, Tel. 4455838, www.funridesports.com) **verleiht Fahrräder** und Helme für Erwachsene und Kinder (30 bzw. 15 Dh pro Stunde, Rabatte bei Tagesmieten). Standorte sind entlang der Corniche z. B. beim Hilton Hotel Hiltonia Beachclub (geöffnet 6.30–24 Uhr) sowie auf der Höhe der Mubarak bin Mohammed St; auf Höhe der Rashid bin Saeed Al Maktoum St., auf Höhe der Shaikh Zayed Bin Sultan St.; auch auf Yas im Crowne Plaza Hotel.

> Der Tourveranstalter **Arabian Adventures** (s. S. 116) bietet zweistündige **geführte Corniche-Radtouren** auf Leihrädern an.

> **Fun Ride Sports** (s. o.) hat Yas-Radtouren auf Leihrädern im Programm.

> Die Noukhada Adventure Company bietet **Trail-Touren** in der Wüste an und verleiht in Zusammenarbeit mit dem Crowne Plaza Yas Island Abu Dhabi auf Yas Fahrräder und Helme.

Schwule und Lesben

Abu Dhabi ist kein Reiseziel für diejenigen, die ihre Homosexualität nicht verstecken möchten. Auch wenn Araber sich mitunter – wohlgemerkt nur Herren bzw. nur Damen untereinander – Wangen küssend begrüßen, so hat nichts davon homosexuelle Züge, sondern bekundet lediglich Freundschaften. Alles, was darüber hinaus geht, wird **nicht toleriert**, ist **verboten** und kann im **Gefängnis** enden. Hart durchgegriffen wird in Fällen von öffentlichem Cross-Dressing und Transvestitismus.

▷ *Tohuwabohu beim Start eines Kamelrennens*

Sicherheit

Abu Dhabi ist ein **sehr sicheres Urlaubsziel**. Von den derzeitigen zumeist politisch orientierten Protesten, Unruhen und Umstürzen wie in anderen arabischen Ländern sind die V.A.E. weit entfernt. Die Akzeptanz des Herrscherhauses ist sehr groß und ein relativ hoher sozialer Wohlstand ohne hohe Arbeitslosigkeit machen die V.A.E. zu einem der sichersten Länder des Mittleren Ostens (Stand Ende 2014, aktuelle Sicherheitshinweise: www.auswaertiges-amt.de). Dennoch ist es ratsam, wachsam zu sein, die religiösen, politischen, kulturellen und sozialen Traditionen zu berücksichtigen und sich von eventuellen Protestkundgebungen fernzuhalten.

Die Kriminalitätsrate im Land ist niedrig, schwere Kriminaldelikte sind selten und werden hart bestraft. Das sollte jedoch nicht zu Sorglosigkeit führen: Man sollte Wertgegenstände immer im Auge behalten, wertvollen Schmuck nicht zu auffällig tragen, nicht benötigte Wertsachen, Schmuck, Reisepapiere und Bargeld im **Hoteltresor** verschlossen halten bzw. draußen nur im Bauchgürtel oder in Innentaschen mitführen. Wichtig ist es auch, am Pool den **Zimmerschlüssel** nicht unbeaufsichtigt zu lassen!

> Notrufnummern und Polizei s. S. 109.

Sport und Erholung

Hotelangebote

In Abu Dhabi kann man aus einem abwechslungsreichen Sport- und Freizeitangebot wählen. Swimmingpool (auf der Dachterrasse oder im Garten), Tennisplatz, Fitnessräume und

Sauna gehören zur **Grundausstattung** nahezu aller großen Hotels. Resorts offerieren Wassersportmöglichkeiten und voll im Trend liegen **Wellness- und Spa-Bereiche.**

Zahlreiche Hotels bieten auch Nicht-Hotelgästen die Möglichkeit zur Nutzung ihrer Spa- und Sportanlagen, indem sie für Einzelleistungen oder in Form einer **Tagespauschale** bezahlen. Toll ist, dass man dann auch Zugang zum eventuell vorhandenen Strand hat.

Kamelrennen

Kamelrennen sind bei Einheimischen wie auch bei Touristen sehr beliebt. Sie werden **nur im Winter** abgehalten (ca. Anfang Oktober bis Anfang März) und die meisten Veranstaltungen finden freitags oder feiertags statt.

Ein besonderes Erlebnis ist es, eine **hochrangige Veranstaltung** wie die großen Rennen zum Abschluss einer Saison, zum Nationalfeiertag Anfang Dezember oder zum Ende des Fastenmonats Ramadan zu besuchen (Ankündigungen in den emiratischen Tageszeitungen und auf u. g. Website). Doch auch wenn gerade kein bedeutsames Rennen stattfindet, lohnt es sich, frühmorgens (Sonnenaufgang bis zum Einsetzen der Vormittagshitze) zur Rennbahn zu fahren, um bei einem **Trainingslauf** zuzusehen (kostenlos).

S117 Al Wathba Camel Race Track,
Al Wathba, die Kamelrennbahn liegt ca. 50 km außerhalb von Abu-Dhabi-Stadt an der Straße nach Al Ain, Exit 47
〉 **UAE Camel Race Association,**
Tel. 5839200, www.cra.ae

Sportvielfalt

S118 [ho] **Al Forsan International Sports Resort,** Khalifa City, Tel. 5568555, www.

Bohrer auf dem Buckel – Pimp the Jockey

Der **Kamelrennsport** ist ein überaus einträgliches Geschäft. Die Teilnahme an Rennen und Kamelzucht gilt als Zeichen arabischer Identität. Hauptsächlich geht es um Ruhm und Ehre, doch den Kamelbesitzern und Trainern bringt der Sport auch Reichtum und eine gesicherte Zukunft.

Seit einiger Zeit werden die hochgezüchteten Edelrenner nicht mehr von **menschlichen Jockeys** geritten, sondern von **maschinellen Ersatzkollegen** - in der gesamten Golfregion heißt es heute „Hilti gegen Black & Decker". Und das kam so: Als das Öl aus dem verdorrten Wüstenboden sprudelte, avancierte das Volksfest-Highlight Kamelrennen zu einem exorbitant teuren Prestigesport. In diesen Ölboomzeiten peitschten minderjährige Kinderjockeys die holperigen „Rennmaschinen" zum Sieg, doch hoheitliche Dekrete des zweiten Millenniums besagen, dass Kameljockeys mindestens 18 Jahre alt sein müssen. Somit war eine zündende Idee gefragt, um die leichten Kinder nicht durch schwere Jungs ersetzen zu müssen, was der Renngeschwindigkeit der Tiere nicht gut getan hätte. Und so entstand der maschinelle Jockey, eine Konstruktion, die sich als **ferngesteuerter Akkuschrauber** mit Peitsche und Stoffverhüllung beschreiben lässt. Ausgefeilte Modelle sind sogar mit einem Funkgerät bestückt, sodass der Kameleigner während des Rennens mit seinem schnellen Schätzchen „sprechen" kann. Diese „Bohrer auf dem Buckel" wiegen knapp 4 Kilo. Vor allem für Jungkamele, die unter der Last eines erwachsenen Reiters ziemlich stöhnen würden, eignen sie sich besonders. Technisch deutlich übertrieben, werden sie oft als „Roboter-Jockeys" bezeichnet - aber wer weiß, was die Zukunft noch bringt? Ist das Ganze nun **Fortschritt oder Kulturbruch?** Die Meinung der Kameleigner schwankt zwischen Begeisterung und Entsetzen. Manche loben, man müsse sich nun keine Sorgen mehr um die Kinder machen. Sie wünschen sich ausgefuchstere Peitschvarianten, lautere Hupen und immer leichtere Modelle. Ideen, die neuen Reiter via Handysignal fernzusteuern, sind bei vielen willkommen, denn dann könnte man sein Lieblingsrennkamel ja auch von der weitab liegenden Jacht aus steuern ... Andere verfluchen den neumodischen Kram und sehen den Untergang des Morgenlandes nahe. Wer weiß, vielleicht ist es nur eine Frage der Zeit, bis auch die Kamele durch Maschinen ersetzt werden ...?

alforsan.com, geöffnet: So.–Do. 13–22, Fr., Sa. 10–22 Uhr, Eintritt: 55 Dh. Tages-Sportresort (ohne Übernachtungsmöglichkeiten) mit Pool, Wasserski-See mit Seilzuganlage, Kartbahn, Wüstenparcours für Offroad-Buggies, Arealen für Paintball, Sportschießen, Reiten, Fitness, Tennis und verschiedenen Plätzen für Ballsportarten – außerdem Restaurants.

S119 [eo] **Zayed Sports City,** Al Madina al Riyadiya zwischen Shaikh Rashid bin Saeed al Maktoum St. und Al Khaleej al Arabi St., Tel. 4034200, www.zsc.ae. Ein Austragungsort für Sportveranstaltungen mit diversen Sportstätten für Eislaufen, Bowling, Tennis, Fitness, Softball, Rugby, Thai-Boxen, außerdem Restaurants.

Sanddünenski

Sanddünenski *(dune-skiing)* ist einfach, schnell zu erlernen und macht Spaß. Man kann hohe Sanddünen entweder auf **zwei Skiern mit Stöcken** oder ähnlich dem **Snowboard** auf einem Brett hinabsausen – jedoch bremst der Sand und man kann nicht auf hohe Geschwindigkeiten kommen. Die meisten einheimischen Tourveranstalter (s. S. 116) übernehmen die Organisation und verleihen Ausrüstung. Meist wird Sanddünenski auch im Rahmen eines arabischen Wüstenabends (s. S. 117) angeboten – nachfragen!

Sprache

Die offizielle Landessprache ist **Arabisch**. Englisch ist gängige Geschäftssprache, die unter den Emiratern und den Gastarbeitern weit verbreitet ist. Verkehrs- oder Hinweisschilder sind meist zweisprachig. Die meisten Bewohner Abu Dhabis beherrschen **Englisch** zum Alltagsgebrauch, wenn auch zum Teil mit einer ungewohnten Betonung und einigen fremden Vokabeln („Indlish"). Aber auch wer nicht perfekt ist, verfügt zumindest über einen Grundwortschatz.

Deutsch wird nur selten, z. B. an Rezeptionen großer Hotels oder von Reiseleitern, gesprochen. Oft zu hören sind auch Hindi (Indisch), Urdu (Pakistanisch) und Farsi (Persisch), das von den Gastarbeitern gesprochen wird.

Bedeutungsvoll

Insha'allah
„So Gott will", Redewendung mit verschiedenen Bedeutungsnuancen, die allen Bemerkungen über Ereignisse in der Zukunft angefügt wird.

Ahlan wa sahlan
Traditioneller Willkommensgruß, heißt wörtlich „Angehörige und leicht" und meint „als Angehörige (und nicht als Fremde) seid ihr gekommen und leicht sollt ihr es haben".

Stadttouren

Hop-on-Hop-off

Extra für Touristen fahren oben offene **Big-Bus-Doppeldeckerbusse** eine Route mit 11 Stopps an Hauptsehenswürdigkeiten. An diesen Stationen kann man ein- oder aussteigen, so oft man will. Fahrscheine sind 24 Stunden gültig. An Bord ist ein englischsprachiger Reiseleiter, deutsche Erläuterungen gibt es vom Tonband. Die Busrundfahrt beinhaltet zusätzlich freien Eintritt auf den Aussichtsturm der Marina Mall **6** und eine Eintrittsermäßigung für das Observation Deck at 300 (s. S. 64).

Der Big Bus startet **täglich** zwischen 9–17 Uhr halbstündlich ab der Marina Mall. Man kann auch zu jeder beliebigen Zeit an einer der weiteren Haltepunkte starten (z. B. an der Shaikh Zayed Grand Mosque **13**), die Zeiten hängen an den firmeneigenen Bushaltestellen aus.

〉 The Big Bus Company, Tel. 800244287, www.bigbustours.com, Online-Ticketpreise: 24-Stunden-Ticket Erwachsene ab 54 $, Kinder ab 24,30 $, Familien ab 133,20 $; auch 48-Stunden-Tickets erhältlich. Ticketkauf im Bus, online, in der Marina Mall oder der Abu Dhabi Mall und auch in vielen großen Hotels, eine Vorausbuchung ist nur für große Gruppen nötig.

058ad Abb.: bt

Tourveranstalter

Die folgenden in Abu Dhabi ansässigen **Tourveranstalter** bieten konventionelle Stadtrundfahrten (ca. 180–250 Dh) durch Abu Dhabi an. Organisiert werden zudem Dhau Cruises, Ferrari-World- oder Yas-Waterworld-Ausflüge, Einkaufs- und Kulturtouren, Hubschrauberrundflüge, Jagdfalkenvorführungen, Jachttörns und Schnellbootfahrten. Natürlich sind auch Wüstensafaris und Ausflüge nach Al Ain oder in die anderen Emirate im Angebot. Zudem übernehmen die Tourveranstalter Serviceleistungen wie Hotelzimmer- oder Mietwagenbuchung. Man kann sowohl vor Reiseantritt als auch spontan vor Ort buchen. Üblich ist, dass man von seinem Hotel abgeholt wird.

● **120** [F2] **Abu Dhabi Travel Bureau**, Corniche, Ecke Shaikh Rashid bin Saeed al Maktoum St., neben der Chamber of Commerce, www.abudhabitravelbureau.

⌂ *Sightseeing mit dem Big Bus (s. S. 115)*

com, Tel. 6338700, zudem Filiale am Flughafen, Tel. 5757008

● **121** [D3] **Arabian Adventures**, Corniche, Ecke Mubarak bin Mohammed St., im Emirates Office, Al Sawari Tower C, Tel. 6911711, www.arabian-adventures. com

● **122** [hn] **Desert Adventures Tourism**, Al Raha, im Al Raha Beach Hotel, Tel. 5566155, www.desertadventures.com

● **123** [G4] **Hala Abu Dhabi**, Al Danah, Sultan Bin Zayed The First St., Etihad Airways Tower, Tel. 8002324, 5990700, www.halaabudhabi.com

● **124** [D3] **Orient Tours**, Al Khalidiya, Shaikh Zayed the First St., gegenüber dem Sheraton Khalidiya Hotel, Tel. 6675609, www.orient-tours-uae. com

● **125** [H2] **Travco Travel**, Al Danah, Khalifa Bin Zayed The First St. im Le Royal Meridien Hotel, Tel. 6432844, www.travcotravel.ae

Zudem kann man verschiedene Touren, Ausflüge und Aktivitäten auch über die in der Schweiz ansässige **Buchungsplattform** GetYourGuide buchen.

> GetYourGuide, www.getyourguide.de,
Schweiz: Tel. 044 5864074, Deutschland: Tel. 030 54445944

Ab Dhabi mit dem Linienbus entdecken

Die **Erkundung Abu Dhabis** mit öffentlichen Bussen ist dank Klimaanlage angenehm kühl und außerdem
unschlagbar preiswert, jedoch gibt es
keine Linie, die besonders viele Sehenswürdigkeiten anfährt. Touristen
müssen daher verschiedene Busrou-
ten kombinieren. Im Folgenden werden einige **Vorschläge** gegeben.

City-Erkundung

Das **Bus Terminal Al Marina**
(s. S. 128) ist ein guter Startpunkt
zum City-Sightseeing per Bus, da hier
auch ein Kundenzentrum des Department of Transport (s. S. 126) zu finden ist. Von hier fahren Stadtbusse
zu diversen Zielen ab, z. B.:

> **Linie 005,** Al Maryah, Sowwah Square:
Bus fährt durch Al Khalidiyah, Al Danah
und Al Zahiyah (Hamdan bin Mohammed
St.) auf die Insel Al Maryah. Ausstieg z. B.
möglich am Al Hosn Fort 🔟 und an der
Abu Dhabi Mall (s. S. 19).

> **Linie 007,** Al Reem Shams Gate: Bus
fährt durch die Stadtviertel Al Khalidiyah, Al Danah und Al Zahiyah (Shaikh
Zayed the First St.) nach Al Reem. Ausstieg möglich z. B. an der Abu Dhabi Mall
(s. S. 19).

> **Linie 009,** Al Meena, New Souq: Bus
fährt durch Al Bateen weiter entlang der
Al Falah St. durch Al Manhal, Al Danah
und Al Zahiyah ins Hafenviertel Al Meena
zum New Meena Market (s. S. 21).

> **Linie 011,** Al Meena, Iranian Souq: Bus
fährt durch Al Bateen, Al Dhafrah und Al
Zahiyah ins Hafenviertel Al Meena zum
Dhau-Hafen und zum Fischmarkt 🎱.
Zwischendurch Ausstieg möglich an der

EXTRATIPP

Arabischer Wüstenabend

Nahezu alle in Abu Dhabi ansässigen Tourveranstalter haben **Wüstensafaris bzw. abendliche Wüstenaus-
flüge** im Programm, die in ein in den
Sanddünen gelegenes sogenanntes
Beduinencamp führen (ca. 180–
280 Dh inkl. Hin- und Rückfahrt aus
Abu Dhabi). Gäste können sich hier
bei Musik und Tanz, Speis und Trank
auf einem Lager aus Teppichen und
Kissen entspannen und den Ster-
nenhimmel betrachten. Meist werden Grillgerichte zubereitet während
Bauchtanzshows und Hennamalerei
stattfinden. Kamelritte und Sanddünenski sind üblicherweise weitere
Arrangements. Wenige Veranstalter bieten auch Übernachtungen im
Wüstencamp an (s. S. 84).

Al Wahda Mall und der Abu Dhabi Mall
(s. S. 19).

> **Linie 032,** Al Maqtaa West: Bus fährt
durch Al Khalidiyah, Al Hosn und Al
Danah (Shaikh Zayed the First St.), dann
entlang der Shaikh Rashid bin Saeed al
Maktoum St. über die Hauptinsel und die
Musaffah Brücke aufs Festland, End-
station ist beim The Souk at Qaryat Al
Beri 🔞. Ausstiegsmöglichkeiten z. B. am
Al Hosn Fort 🔟 und am Madinat Zayed
Shopping Centre & Gold Centre 🔢.

> **Linie 063,** Al Reem Shams Gate: Bus
fährt entlang der westl. Corniche ❶ (2
Ausstiegsmöglichkeiten Corniche Beach,
s. S. 39) zum WTC Souq ❾, dann entlang der Fatima Bint Mubarak St. auf die
Insel Al Reem zum Marina Square und
zum Shams Gate.

Alle hier genannten Linien fahren
rund um die Uhr, tagsüber zwischen
ca. 7 und 21 Uhr im 10- bis 20-Minu-
ten-Takt. Jede Teilstrecke zwischen

Stadttouren

jedem Ein- und Ausstieg kostet 2 Dh. Da Busfahren so **preiswert** ist, kann man unterwegs auch einfach mal nach Belieben die Fahrt unterbrechen und sich zu Fuß umsehen.

Großraum-Bustour

Wer mit dem Bus den **Großraum Abu Dhabi** samt den Inseln Saadiyat und Yas erkunden möchte, der kann den Bus 180 wählen. Er fährt vom Terminal an der Zayed Sport City bis nach Al Raha zum architektonisch markanten, verspiegelten Aldar HQ (Headquarter) nahe der Al Raha Mall, das kreisförmig in die Höhe ragt.

Die Buslinie umrundet den Großraum Abu Dhabi fast gänzlich und fährt über Shaikh Rashid bin Saeed al Maktoum St. – Corniche – Saadiyat – Yas – Al Raha. Für eine Strecke braucht man ca. 1½ Std. Die Busse fahren täglich zwischen ca. 6 und 22 Uhr stündlich. Eine Fahrt kostet 4 Dh. Der Bus hält allerdings nicht oft und so kann man Abu Dhabi vornehmlich durch das Fenster betrachten.

● **126** [eo] **Bus Stop Zayed Sports City**, Al Madina al Riyadiya, 4. St. Ecke 17. St. beim Carrefour Supermarket

Bootstouren

Abu Dhabis Skyline ist insbesondere bei abendlicher Beleuchtung auch vom Wasser aus ein „Highlight". Abends kann man gemütlich im traditionellen **Dhau-Holzboot** (z. B. Dinner Cruise mit Al Dhafra, s. S. 28) oder mit den **Panoramabooten** von Sea Cruiser oder mit dem Segelkatamaran von Belavari Marine am Ufer der Corniche ❶ entlangschippern.

● **127** [J1] **Sea Cruiser**, Abfahrt vom Hafen am Fischmarkt, Tel. 508009495, www.seacruiser.ae, täglich 9, 11, 12,

Abu Dhabi aktiv erkunden

Mit Noukhada Adventure Company kann man Abu-Dhabi-Stadt und die Umgebung natürlich und **aktiv entdecken:** Sehr interessant sind die **Kajaktouren** durch weitläufige Mangrovengebiete, die sich rund um Abu Dhabi ausdehnen – auch kleine unbewohnte Inseln werden angesteuert. Alternativ man kann diese unberührten Naturüberraschungen per **Segeltour** erkunden. Abu Dhabis Seeseite aus einer ganz anderen Perspektive kann man auch während einer Halbtages-Schnorchelsafari kennenlernen. Auch Ungeübte können teilnehmen. An Land können geführte **Radtouren** organisiert werden, beispielsweise entlang der Corniche ❶ oder auf Yas (s. S. 76). Zudem verleiht Noukhada Fahrräder für individuelle Fahrten und andere Sportgeräte und verkauft Sportausrüstung.

S129 [go] **Noukhada Adventure Company**, Al Maqtaa, E22, Tel. 5581889, www.noukhada.ae

16, 18 und 20 Uhr, Fahrdauer 1 Std., Preis 120 Dh. Man kann mit Sea Cruiser auch zur **Insel Yas** (s. S. 76) schippern. Vom Hafen von Al Bateen ❹ führt diese Tour an der Südwestseite der Hauptinsel vorbei durch die Kanäle Bateen und Al Maqtaa. Diese Touren starten täglich um 10 und 17 Uhr, dauern 3 Std. und kosten 395 Dh. Auch Tages- oder Campingausflüge auf die Insel Bahrani sind möglich.

● **128** [am] **Belavari Marine**, Abfahrt vom Hafen des Emirates Palace Hotel ❷, Tel. 6431494, www.belevari.com, Do./Fr./Sa. Sunset- oder Island-Cruise im 43 m langen Luxuskatamaran (2 h Sunset-Cruise 350 Dh), auch Eastern Mangroves Touren.

Captain Tony's bietet **umweltverträg-
liche Bootstouren**, z. B. eine Sonnen-
untergangsfahrt, eine Daylight Cruise
und Insel- oder Mangroventouren sowie Angelausflüge. Die halbstündi-
ge Quick Cruise kostet 150 Dh pro
Person.

- **130** [im] **Captain Tony's,** Abfahrt ab Yas
  Marina, Tel. 6507175, www.captain
  tonys.ae, Reservierung erbeten

Bei Yellow Boats wird man in einem
Schnellboot von der Halbinsel Al Ras
al Akhdar (s. S. 61) schwungvoll an
der Corniche entlang oder um die Insel Lulu gefahren.

- **131** [am] **Yellow Boats,** Abfahrt vom Hafen
  des Emirates Palace Hotel **2** (Gate 3),
  Tel. 8008044, www.theyellowboats.
  com, 50 Min. kosten 200 Dh, 10, 14 und
  16 Uhr, Anmeldung erbeten, Fahrten
  bei Bedarf

Wer es nobler mag, kann für seine individuelle Sightseeingtour auch eine
Jacht buchen (lokale Tourveranstalter s. S. 116).

Rundflüge

Abu Dhabi von oben genießen kann
man beispielsweise mit:

- **132** [C1] **Falcon Aviation,** Tel. 4440007,
  www.falconaviation.ae, täglich außer
  Di. 20- oder 30-minütige Hubschrauberrundflüge vom Marina Mall Heliport,
  490–1250 Dh
- **133** [im] **Seawings,** www.seawings.ae,
  Tel. 5646303, Rundflüge im Wasserflugzeug über Yas oder das Stadtzentrum,
  39 Min. 995 Dh

Telefonieren

Festnetz

Das Telefon- sowie Internetnetz der
staatlichen und marktführenden **Te-
lekommunikationsgesellschaft Etisalat** ist hervorragend ausgebaut.
Etisalat-Zentralen sind stets unver-
kennbar von einem riesigen „Golf-
ball" gekrönt.

- › **Kundenservice Etisalat,** Tel. 101 (Etisa-
  lat-Anschluss) bzw. 800101 (kein Etisa-
  lat-Anschluss, gebührenfrei); aus dem
  Ausland Tel. 00971 400444101,
  www.etisalat.ae
- › **Englischsprachige Telefonnummern-
  Auskunft:** Tel. 181 (gebührenfrei)

In vielen großen Hotels, Banken und
Geldwechselstuben stehen öffentliche Telefonapparate, von denen
man als Kunde kostenlos **Festnetz-
Gespräche** innerhalb der V.A.E. füh-

▷ *Telefonzelle der staatlichen
Telefongesellschaft Etisalat*

059ad Abb.: kk

ren kann. Ansonsten kostet ein Anruf zu einem anderen Festnetzanschluss bzw. zu einem mobilen Telefon innerhalb der V.A.E. zwischen 0,025 und 0,60 Dh/Min.

Auslandstelefonate kann man von allen Fernsprechern führen. Sie kosten nach Deutschland ins Festnetz je nach Wochentag und Uhrzeit 1,37 bzw. 2,12 Dh/Min.

Telefonzellen funktionieren mit Kredit- und Telefonkarten. **Prepaid-Telefonkarten** gibt es in den Etisalat-Zentralen, an den Kassen der kleinen Lebensmittelläden und großen Supermärkte sowie an Tankstellen. Es gibt zwei Arten (beide für nationale und internationale Gespräche): Die „Smart Payphone Card" ist eine Chip-Telefonkarte im Wert von 30 Dh, welche die bargeldlose Direktwahlnutzung in Telefonzellen erlaubt.

Mit „Prepaid Calling Cards" mit einem Guthaben zwischen 20 und 500 Dh, kann von allen Etisalat-Telefonapparaten (Handy, Hoteltelefon, Privatanschluss) telefoniert werden. Letzteres empfiehlt sich insbesondere in Hotels, da diese ohne Prepaid Calling Cards meist höhere Gebühren verlangen. Die Gebühren entsprechen mit beiden Karten den oben genannten Festnetzgebühren.

Mobiltelefon

In Abu Dhabi nutzt man 900 MHz GSM wie in Europa. Die meisten heimischen Anbieter haben einen Roaming-Vertrag mit einem der emiratischen Provider, man muss bei der Nutzung seines Geräts in Abu Dhabi allerdings mit hohen **Roaming-Kosten** rechnen. Man sollte auch die **passiven Kosten**, wenn man von zu Hause aus angerufen wird, nicht vergessen. Tipp: Die Rufumleitung zur

Vorwahlen

› **Landesvorwahlen:** 00971 (V.A.E.), 0049 (Deutschland), 0043 (Österreich), 0041 (Schweiz)
› **Ortsvorwahlen:** 02 (Abu Dhabi), 03 (Al Ain), 04 (Dubai)
› **Emiratische Mobilfunknummern:** 05X (X je nach Anbieter)

Mailbox deaktivieren. Preiswerter ist es, sich von vornherein auf das Versenden von SMS zu beschränken. Ihr Empfang ist in der Regel kostenfrei, MMS sind dagegen relativ teuer. Die Einwahl ins **Internet** über das Mobiltelefon ist meist kostspielig.

Wer ein SIM-lock-freies Mobiltelefon besitzt, kann sich in Abu Dhabi eine **Prepaid-SIM-Karte** kaufen und damit direkt das Netz der V.A.E. nutzen. Allerdings bekommt man dabei eine emiratische Telefonnummer zugewiesen. Von **Etisalat** gibt es den Mobile Prepaid Service Ahlan (www.etisalat.ae). Ein weiterer Anbieter ist **du** mit Pay as you go oder Visitor Mobile Line (www.du.ae). Beide bieten gegen Aufpreis mobilen Internetzugang (s. S. 106) mit verschiedenen Datenmengen und Kosten. Zu kaufen gibt es die SIM-Karte von du bereits am Flughafen. Die Karten beider Gesellschaften kann man zudem in ihren Geschäftsstellen oder bei Händlern in den Geschäftsstraßen sowie in Einkaufszentren (beide Anbieter finden sich z. B. in der Marina Mall, Abu Dhabi Mall, Al Wahda Mall) und in großen Supermärkten erwerben. Rubbelkarten zum Aufladen des Guthabens (recharge cards) verkaufen zudem nahezu alle Supermärkte und Tankstellen.

Alle, die weiterhin unter ihrer gewohnten Handynummer erreichbar sein möchten, aber auch in Abu Dhabi preiswert mit Etisalat oder du mobil telefonieren möchten, sollten sich für die Reisezeit ein **zweites Handy mitnehmen,** beispielsweise ein älteres, ausgemustertes Modell.

Uhrzeit

Die gesamten V.A.E. sind der mitteleuropäischen Zeit voraus, und zwar während der **Winterzeit um drei Stunden** und während der **Sommerzeit um zwei Stunden.**

Unterkunft

Buchung und Preise

Insgesamt gibt es in Abu Dhabi **ca. 150 Hotels und Hotelapartmenthäuser** aller Ausstattungs- und Preisklassen. Im Laufe der nächsten Jahre werden etliche neue Hotels entste-

Preiskategorien

Die Preiskategorien beziehen sich auf eine Nacht pro Person im Standard-Doppelzimmer ohne Frühstück oder sonstige Extraleistungen bei Doppelbelegung in der Hauptsaison. Es handelt sich um Durchschnittsangaben bei Online-Buchungen direkt bei den Hotels. Hotelsterne basieren auf Angaben der Abu Dhabi Tourism & Culture Authority (s. S. 103).

€	45–75 Euro
€€	75–115 Euro
€€€	115–155 Euro
€€€€	155–185 Euro
€€€€€	ab 185 Euro

hen. Die **Hotelpreise** differieren zwischen Direktbuchung und Reiseveranstalter-Buchung sowie zwischen Hauptsaison (1. Okt.–30. Apr.) und Nebensaison (1. Mai–30. Sept., bis zu 40 % preiswerter). Bei Direktbuchungen gibt es Spielraum zum Handeln. Bei einer Preisanfrage sollte man sich erkundigen, ob die üblichen 10 % *service charge* und 6 % *tourism fee* (Service- und Tourismusabgabe) schon inklusive sind.

Empfehlenswert sind auch **Preisvergleiche** im Web, z. B. über www.trivago.de, www.holidaycheck.de oder www.swoodoo.com. Die Abu Dhabi Tourism & Culture Authority (s. S. 103) bietet unter www.visitabudhabi.ae einen Onlineüberblick über die Hotels, Resorts und Apartments mit Preisvergleich und Buchungsfunktion, auch auf Deutsch.

In Abu Dhabi kann man für vergleichsweise günstiges Geld im **Mittelklasse- oder Luxushotel** wohnen. Auffällig ist, dass es kaum **einfache Hotels** mit zwei Sternen oder nur einem Stern gibt und dass diese verhältnismäßig kostspielig sind. Für fast denselben Preis kann man auch in einem Mittelklassehotel einchecken. **Apartments** sind eine gute und zumeist preislich faire Alternative. Hostels gibt es keine.

Luxushotels sind vornehmlich entlang der Corniche sowie auf Saadiyat zu finden. Viele sind als Resort mit Strand und vielen Sport- und Freizeitangeboten konzipiert. Dies fehlt den reinen Business-Hotels, die dafür zentral liegen. Einige Hotels stellen eine Kombination dar, denn viele Geschäftsleute hängen an ihren Arbeitsaufenthalt ein paar Urlaubstage dran. Auf Yas, am Yas Leisure Drive, haben sich diverse Mittelklassehotels angesiedelt.

Unterkunftstipps

Mittlere und untere Preisklasse

134 [G3] **Abu Dhabi Plaza Hotel Apartments** €€, Al Danah, Fatima Bint Mubarak St. Ecke Shaikh Zayed the First St., Tel. 6192666, www.adpha.ae. 216 zentral im Geschäftszentrum gelegene, komfortable Zwei- und Einzimmerapartments mit Küche, außerdem Restaurant und Coffeeshop.

135 [H2] **Al Ain Palace Hotel** €, Al Danah, Fatima Bint Mubarak St., Tel. 6794777, www.alainpalacehotel.com. Nahe der Corniche gelegenes 3-Sterne-Hotel mit Pool, Squashplatz und beliebten Restaurants und Bars.

136 [I3] **Al Diar Dana Hotel** €€, Al Zahiyah, Al Firdous St. Ecke Shaikh Zayed the First St., Tel. 6456000, www.aldiarhotels.com. Zentral gelegenes 2-Sterne-Hotel mit großen, komfortablen Zimmern, gutem Preis-Leistungs-Verhältnis, Restaurants, Bar und Kneipe.

137 [H2] **Al Diar Mina Hotel** €, Al Zahiyah, Al Meena St. Ecke Shaikh Zayed Bin Sultan St., Tel. 6781000, www.aldiarhotels.com. Zentral nahe der Corniche gelegenes, komfortables 1-Stern-Hochhaushotel mit Restaurant, Bar und Coffeeshop.

138 [I3] **Al Manzel Hotel Apartments** €€, Al Zahiyah, Zayed the First St. Ecke Al Firdous St., www.almanzel-hotelapartments.ae, Tel. 6448000. 216 Apartment-Suiten verschiedener Größe mit Küchenzeile, Pool, Restaurant, Café.

139 [do] **Aloft Abu Dhabi** €€, Al Safarat, im Abu Dhabi National Exhibition Centre, Tel. 6545000, www.aloftabudhabi.com. 4-Sterne-Hotel im Südosten der Hauptinsel mit modernem Konzept, farbenfroher, schicker Einrichtung und Dachpool.

140 [F3] **Cassells Hotel Apartments** €, Al Danah, Shaikh Zayed the First St., www.cassellshotelapartments.ae, Tel. 6107777. Komfortable Apartments in zentraler Citylage, mit Restaurant.

141 [cm] **Centro Al Manhal** €, Al Manhal, Shaikh Rashid bin Saeed al Maktoum St., Tel. 8115000, www.rotana.com. Modern-funktionales 3-Sterne-Budgethotel südöstlich der City, mit Pool, Restaurant, Bar, Deli.

142 [eo] **Centro Capital Centre** €, Al Safarat, Al Khaleej al Arabi St., Tel. 4096666, www.rotana.com. 3-Sterne-Budgethotel mit junger, frischer Einrichtung im Südosten der Hauptinsel am Messe- und Ausstellungszentrum, mit Pool, Restaurant, Deli, Bar.

143 [im] **Centro Yas Island** €€, Yas, Yas Leisure Drive, Tel. 6564444, www.rotana.com. Modern-funktionales 3-Sterne-Budgethotel auf Yas mit Pool, Tennisplatz, Restaurant, Bar, Deli.

144 [G3] **Down Town Plaza Hotel Apartments** €€, Al Danah, Hamdan bin Mohammed St., hinter dem Liwa Centre, www.downtownplazauae.com, Tel. 6318586. 35 mit Küche ausgestattete Apartmentsuiten in zentraler Lage.

145 [I3] **Fortune Hotel Apartments** €€, Al Zahiyah, im Häuserblock zwischen Shaikh Zayed Bin Sultan St., Al Firdous St., 13. Street und 19. Street, Tel. 6450666, www.fortune-hotels.net. Mitten im Geschäftszentrum gelegenes Apartmenthotel mit 116 Studioapartments und Suiten, mit Küche, Café.

146 [gp] **Ibis Abu Dhabi Gate** €, Gate City, Shaikh Rashid bin Saeed al Maktoum St., www.accorhotels.com, Tel. 5090999. 3-Sterne-Budgethotel mit 160 Hotelzimmern und 64 Einraumapartments auf dem Festland mit Restaurants, Pool.

147 [H3] **Ivory Hotel Apartments** €€, Al Zahiyah, im Häuserblock hinter der Kreuzung Al Falah St. und Shaikh Zayed Bin Sultan, www.ivoryhotelapts.ae, Tel. 6138500. Apartments und Penthouses mit Küche, mit Restaurant, Coffeeshop, Businesszentrum und Fitnessraum.

148 [H4] **Kingsgate Hotel** €, Al Zahiyah, einen Häuserblock hinter der Abu Dhabi Mall, www.millenniumhotels.ae, Tel. 4995000. 3-Sterne-Hotel in zentraler Lage mit 108 Zimmern und Restaurant zum fairen Preis.

149 [G3] **Mercure Abu Dhabi Centre Hotel** €, Al Danah, Hamdan bin Mohammed St., www.accorhotels.com, Tel. 6333555. Zentral im Geschäftsviertel gelegenes 3-Sterne-Hotel mit 215 Zimmern, Pool, Restaurants und Bars mit fairen Preisen.

150 [F3] **Paragon Hotel** €, Al Danah, Shaikh Zayed the First St., hinter dem Hamed Centre, Tel. 5018777, www.paragonhoteluae.com. Zentral, aber dennoch ruhig gelegenes 3-Sterne-Hotel nahe der Zayed the First St. zwischen den Einkaufszentren Hamed Centre und Madinat Zayed Shopping Centre & Gold Souq, mit Restaurant.

151 [im] **Staybridge Suites** €€€, Yas, Yas Leisure Drive, www.ichotelsgroup.com, Tel. 6563333. Elegante Suiten ver-

☑ *Abends wird das aus Stahlstreben und Glaskacheln gefertigte Dach des Yas Viceroy (s. S. 125) illuminiert*

schiedener Größen mit Küche, Pool, Restaurant.

Obere Preisklasse und Resorts

152 **Al Maya Island Resort** €€€€, Inselresort, ca. 9 km südwestlich von Abu Dhabi auf der Insel Al Bahrani gelegen, Tel. 667777, www.almayauae.com, www.adcountryclub.com. 6 Chalet-Villen mit 13 Gästezimmern und Pools, Wassersportangebot und Tauchschule, beliebte Strandpartys (s. S. 34). Per Boot in 15 Minuten ab der Anlegestelle neben dem Khalidiya Palace Rayhaan by Rotana Hotel erreichbar.

153 [dn] **Eastern Mangroves Hotel & Spa by Anantara** €€€, Al Zahra, Tel. 6561000, www.abu-dhabi.anantara.com. An einem Meeresarm vor dem Mangroven-Naturschutzgebiet Al Qurm gelegenes 5-Sterne-Hotel mit 222 Zimmern/Suiten und breitem Freizeit- und Wellnessangebot. Luxuriöses Ambiente durch eine Kombination aus natürlichen Elementen mit orientalischen Einflüssen. Die Uferpromenade ermöglicht Spaziergänge am Meeresarm, jedoch keine Bademöglichkeit. Das Hotel erfüllt strenge ökologische Maßstäbe und ist Teil einer Luxus-Life-

O60ad Abb.: kk

styleanlage mit Wohn-, Shopping- und Jachthafenkomplex.

2 [A2] **Emirates Palace Hotel** €€€€€. Das exklusivste Hotel im Land.

🏨**154 Emirates Park Resort** €€€€€, Al Bahia, www.emiratesparkresort.com, Tel. 5069000. Vor den Toren der Stadt auf dem Festland Richtung Dubai gelegenes Resort im Fortstil mit Privatzoo, Chalets mit Küchenzeile, außerdem Kinderspielpark und Streichelgehege, Restaurant, Café. Interessant für Familien und diejenigen, die neben Abu Dhabi außerdem Dubai erkunden möchten.

🏨**155** [A3] **Hilton Abu Dhabi** €€€, Corniche, Tel. 6811900, www.hilton.de. Im Südwesten der Uferstraße neben den Nation Towers gelegenes 5-Sterne-Hotel mit 15 Gastronomiebetrieben. Der Strandclub mit 350 m Strand und Wassersportangebot ist durch eine Unterführung erreichbar.

🏨**156** [A3] **InterContinental Abu Dhabi** €€€, Al Bateen, www.intercontinental.com, Tel. 6666888. Citynahe Erholung mit hoteleigenem Privatstrand, Wassersportangebot und Jachthafen, Pool, klimatisiertem Squash Court und Tennishartplätzen.

🏨**157** [A3] **Jumeirah At Etihad Towers** €€€€, Al Ras al Akhdar, Corniche, Tel. 8115555, www.jumeirah.com. 5-Sterne-Hochhaushotel als Teil des markanten Quintetts der Etihad Towers, 382 Zimmer/Suiten, 199 Apartments, fantastische Rundumaussicht, hoher Servicestandard, Spa, Garten- und Poollandschaft sowie hoteleigener Strandabschnitt.

🏨**158** [I3] **Le Meridien Abu Dhabi** €€€, Al Zahiyah, www.lemeridienabudhabi.com, Tel. 6446666. Zentral im Geschäftszentrum, direkt am Strand gelegenes 4-Sterne-Resort mit 234 Zimmern, 14 Restaurants und Bars, Gartenpools, Spa.

🏨**159** [H2] **Sheraton Abu Dhabi Hotel & Resort** €€€, Corniche, Tel. 6773333, www.sheratonabudhabihotel.com. Im Nordosten der Uferstraße Corniche gelegenes 5-Sterne-Resort mit 272 Zimmern – alle mit einem privaten Balkon – und von einem Garten umgebener Badelagune, drei Pools, Wassersportangebot, Squash- und Tennisplätze.

🏨**160** [fo] **The Ritz-Carlton Abu Dhabi, Grand Canal** €€€€€, Al Maqtaa, Tel. 8188888, www.ritzcarlton.com. Im Südosten der Hauptinsel, zwischen Maqtaa-Kanal und Shaikh Zayed Grand Mosque gelegenes 5-Sterne-Strandhotel im venezianischen Renaissancestil mit 447 Zimmern, 10 Gastronomiebetrieben, Spa und hoteleigener Badebucht. Um das Hotel liegt ein parkähnlicher Garten mit Wasserspielen, großem Swimmingpool und 85 Gästevillen.

🏨**161** [dk] **The St. Regis Saadiyat Island Resort** €€€€€, Saadiyat, Tel. 4988888, www.stregissaadiyatisland.com. 5-Sterne-Resort auf der Insel Saadiyat. Zwischen kleinen türkisfarbenen Lagunen, Persischem Golf und Saadiyat Beach Golf Club gelegen, Zugang zum Naturschutz-Sandstrand, mit Spa und zwei Tennishart- und zwei Squashplätzen. Unter den fünf Swimmingpools ist ein Indoorpool. Klassische Raffinesse und moderner Luxus vereinen sich hier mit hochwertigen Naturmaterialien im mediterranen Stil.

🏨**162** [fo] **Traders Hotel Qaryat Al Beri** €€, und:

🏨**163** [fo] **Shangri-La Qaryat Al Beri** €€€, Al Maqtaa, www.shangri-la.com, Tel. 5098888. Auf dem Festland gelegene Strandhotels am Meeresarm Khor al Maqtaa, gemanagt von Shangri-La. Beide Häuser bieten Privatstrand und Pools, sie liegen in einem großen Gartenareal fast nebeneinander, dazwischen The Souq at Qaryat Al Beri. Einmalig ist die Aussicht auf die gegenüberliegende, blütenweiß strahlende Shaikh Zayed Grand Mosque. Das elegant-arabisch gestaltete 5-Sterne-Hotel Shangri-La hat ein Spa, fünf Restaurants, zwei Bars, alle 214 Gästezimmer mit Balkon bzw. Terrasse, auch Apartments und Villen werden vermietet. Das farbenfroh-moderne 4-Sterne-Hotel Traders bietet 301 Zimmer und ein Restaurant. Die Hotelanlagen und den nebenan gelegenen The Souq at Qaryat Al Beri kann man mit hölzernen Abra-Booten auf Kanälen erkunden.

🏨 **164** [im] **Yas Viceroy Abu Dhabi** €€€€, Yas, www.viceroyhotelsandresorts.com, Tel. 6560000. Inmitten der Formel-1-Rennbahn bzw. am Jachthafen gelegenes 5-Sterne-Hotel mit 499 Zimmern, 11 Restaurants und Bars. Avantgardistisch wirkt das aus Stahl- und Glaskacheln geschwungene, freitragende Dach, das abends in wechselnden Farben auffällig illuminiert wird. Dachterrasse mit zwei Swimmingpools, Spa- und Wellnessbereich.

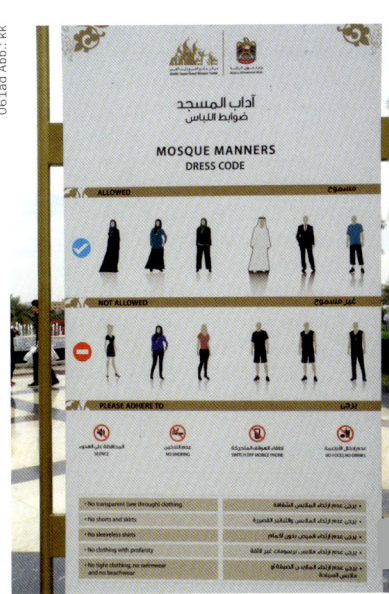

061ad Abb.: kk

Verhaltenstipps

Am Flughafen, im Hotel oder an Sehenswürdigkeiten liegt der von der Abu Dhabi Police veröffentlichte „Ethics Guide" aus, in dem in 12 Sprachen erklärt wird, wie man sich in Abu Dhabi als gerngesehener Gast am besten verhält.

Respektvoll

Trotz aller Modernität ist Abu Dhabi ein arabisch geprägtes und **muslimisches Land.** Religion, Kultur, Gebräuche und Mentalität der Emirater (und die vieler anderer Einwohner) weichen von europäischen Maßstäben ab. In puncto Kleidung ist es wichtig, dass Männer und Frauen trotz der hohen Temperaturen das muslimische **Anstandsgefühl nicht verletzen,** in-

dem sie in der Öffentlichkeit zu viel Haut zeigen. In öffentlichen Bereichen sollten Schultern, Bauchnabel und Knie besser bedeckt sein.

Wem der Sinn danach steht, in der Öffentlichkeit mit seinem „Schatzi" zu **knutschen,** der wird zumindest Anstoß erregen, und dies könnte sogar einen Strafzettel samt Verwarngeld nach sich ziehen. Mit noch höherer Wahrscheinlichkeit wird dies bei Zuwendungen homosexueller Partner passieren (s. S. 112).

Beim **Fotografieren oder Filmen** von Menschen ist Höflichkeit oberstes Gebot. Für Muslime, die den Koran streng interpretieren, ist die Abbildung von Menschen in jeglicher Form verboten. Daher bitte nieman-

◁ *Benimmregeln für den Besuch einer Moschee*

den ablichten, ohne ihn gefragt zu haben – dies gilt insbesondere bei emiratischen Frauen! Je nach Fall kann dies sonst viel Ärger nach sich ziehen. Doch viele sehen es mit dem Bilderverbot gar nicht so eng, immerhin hängen überall die riesigen Porträts ihrer Herrscher. Immer wieder posieren Familien vor Brunnen oder in Parkanlagen, der Fotoapparat ist bei jedem Familienausflug obligatorisch. Auch bei Indern kann man dies oft beobachten.

Rüpelhaft

Haftstrafen drohen bei **respektlosem Verhalten** gegenüber der Regierung, dem Staatssystem, Staatssymbolen und dem Islam. Gefängnis droht auch beim Zeigen des Stinkefingers, beim Oben-ohne-baden für Damen, beim sich unten herum entblößt Sonnen für Herren und beim öffentlichen Liebesspiel.

Wer außerhalb lizenzierter Bars oder Restaurants in der Öffentlichkeit **Alkohol** konsumiert oder offensichtlich betrunken durch die Stadt spaziert, kann mit einer Geld- oder Freiheitsstrafe geahndet werden. Man darf keinesfalls mit auch nur einem verschwindend geringen Promillesatz Auto fahren!

Für **Drogendelikte** wird mitunter sogar die Todesstrafe verhängt.

Verkehrsmittel

Das **Abu Dhabi Department of Transport** ist verantwortlich für alle Transportmöglichkeiten und das Straßennetz im Emirat. Der Onlineservice **Darb** (www.darb.ae) bietet eine Vielzahl an Informationen und eine interaktive Karte zum Vorankommen in

Abu Dhabi, sei es per Auto, Bus, Fähre oder Flugzeug. Der Bau einer Metro und Stadtbahn ist für die Zukunft geplant.

> ❯ **Department of Transport, Customer Care Center,** Breakwater, außen am South Entrance der Marina Mall ❻, Tel. 80088888, 6566566, www.dot.abudhabi.ae, geöffnet: So.–Do. 7.30–18 Uhr

Taxis

Taxis sind für Touristen die **praktischste** und gängigste Art, um voranzukommen. Alle Fahrzeuge haben einen Taxameter und auch wenn es verschiedene **Taxigesellschaften** gibt (z. B. Al Ghazal, Arabia, Cars, Emirates, National, Tawasul), so haben sie einheitliche Fahrpreise und man kann sie unter der unten genannten Nummer bei TransAD buchen. Für Rollstuhlfahrer stehen spezielle Wagen bereit. Frauen können auf Wunsch ein von einer Fahrerin gefahrenes „Ladies Taxi" bestellen.

Die **Grundgebühr** für ein an der Straße herangewunkenes Taxi oder eins, das beispielsweise an Einkaufszentren wartet, beträgt tagsüber (6–22 Uhr) 3,50 Dh, bei telefonischer Vorausbuchung fallen weitere 3 Dh an. **Jeder gefahrene Kilometer** kostet tagsüber 1,60 Dh, ab dem 50. Kilometer 1,69 Dh. Die Minimumgebühr beträgt 10 Dh. Nachts sind Zuschläge zu zahlen. Eine Flughafen-Fahrt kostet 20 Dh Grundgebühr. Die meisten Fahrten im Innenstadtbereich kosten 25–50 Dh.

Alle Taxifahrer sind Gastarbeiter, sie sprechen meist passabel Englisch und kennen sich zumindest einigermaßen aus. Häufig kann es hilfreich sein, einen in der Nähe des Wunschziels gelegenen **Orientierungspunkt** zu nennen (Stadtteil, Hotel, Brücke, Einkaufszentrum, markantes Bauwerk etc.). Besser noch, man kennt die Telefonnummer seines Ziels und kann im Falle von Unklarheiten dort anrufen und nach bekannten Orientierungspunkten fragen.

❭ **TransAD** (The Centre for Regulation of Transport by Hire Cars in the Emirate of Abu Dhabi), Tel. 600535353, www. transad.ae. Taxibestellung, koordiniert und reguliert Taxi- und Limousinenserviceanbieter, auch im Falle von Beschwerden oder verlorenen Gegenständen kann man sich an TransAD wenden.

Für Fahrten in andere Städte gibt es **Minibus-Sammeltaxis:** Hier teilen sich mehrere Mitfahrer ein Fahrzeug, wodurch der Fahrpreis vergleichsweise günstig wird. Sie fahren nicht zu festen Zeiten, sondern wenn sie voll sind. Preisbeispiele für einen Sitzplatz: nach Dubai 25 Dh, nach Al Ain 20 Dh, nach Liwa oder Sharjah 30 Dh. Der Sammeltaxistand befindet sich neben der Abu Dhabi Main Terminal Bus Station (s. S. 128).

●165 [G5] **Abu Dhabi Taxi Stand**, Al Wahda, Sultan Bin Zayed The First St. Ecke Hazaa bin Zayed the First St. gegenüber der Al Wahda Mall. Kioske und einfache Restaurants sind an der benachbarten Abu Dhabi Main Terminal Bus Station vorhanden.

Eine Sonderform sind die **EZ-Elektromobiltaxis** (s. S. 62), die entlang der Corniche ❶ und auf die Wellenbrecherhalbinsel fahren.

Busse

Das vom Department of Transport organisierte öffentliche **Busnetz** in Abu-Dhabi-Stadt ist mit einer stets wachsenden Zahl an Routen und

☐ *Fernbusse starten an der Abu Dhabi Main Terminal Bus Station (s. S. 128)*

064ad Abb.: kk

eingesetzten Bussen gut organisiert und fest in den Händen der Gastarbeiter. Die meisten Linien verkehren wochentags von frühmorgens (etwa ab 6–7 Uhr) bis spätabends (22–23 Uhr), freitags fahren weniger Busse. Frauen dürfen im vorderen Busteil unter sich sein, können sich aber auch in den hinteren Bereich setzen.

Busterminals für **Fahrten innerhalb Abu Dhabis** liegen in der ganzen Stadt verteilt, im Zentrum z. B. hier:

- ●**166** [B1] **Bus Terminal Al Marina**, Breakwater, an der Marina Mall
- ●**167** [G2] **Bus Terminal Khalifa St.**, Al Danah, Sultan Bin Zayed The First St., beim Capital Garden

Der **Preis** für eine einfache Fahrt innerhalb Abu Dhabis beträgt 2 oder 4 Dh, die Münzen sind – passend! – in eine Box am Buseinstieg zu werfen. Für Vielfahrer gibt es **Wochen- und Monatskarten** (30 bzw. 80 Dh). Diese und weitere Karten (alle heißen Ojra) sind an Ojra-Servicezentren bzw. Kiosken erhältlich, die am roten Kreuz zu erkennen sind. Beispielsweise in der Marina Mall ●**6**, der Abu Dhabi Mall (s. S. 19), der Al Wahda Mall (s. S. 19) und der Khalidiyah Mall (s. S. 20) sowie in vielen Coop-Supermärkten.

Das Busterminal für **Fernbusse** liegt auf der Hauptinsel im Stadtteil Al Wahda. Ab hier starten Intercity-Busse des Abu Dhabi Department of Transport in andere Orte des Emirats (Preisbeispiel: nach Al Ain 25 Dh, nach Liwa 30 Dh). Man kann auch mit dem Schnellbus nach Dubai und Sharjah fahren (je 25 Dh), jedoch sind dafür andere Verkehrsbetriebe verantwortlich.

- ●**168** [G5] **Abu Dhabi Main Terminal Bus Station**, Al Wahda, Sultan Bin Zayed The First St. Ecke Hazaa bin Zayed the

First St. hinter der Al Wahda Mall, Tel. 4431500 und 4071617

Weitere Infos zum Busfahren:
- ❯ **Buspläne** sind erhältlich bei den Kundenzentren des Department of Transport, Ojra (siehe oben). Online finden sie sich unter www.dot.abudhabi.ae bzw. www.ojra.ae.
- ❯ **Infos** zum Bustransport auch unter Tel. 80088888 bzw. den oben genannten Websites.

Versicherungen

Auslandskrankenversicherung

Vor Antritt der Reise sollte jeder prüfen, ob er im Ausland krankenversichert ist. Der Abschluss einer Auslandskrankenversicherung ist **dringend zu empfehlen**. Diese übernimmt die Kosten einer Behandlung in Abu Dhabi oder im Notfall einen Rettungsflug nach Hause, denn die gesetzlichen Krankenversicherungen sind dafür nicht zuständig. Jahrespolicen sind in Deutschland für 10 bis 15 Euro pro Jahr (mit einem Versicherungsschutz von meist 43 Tagen pro Reise) sehr günstig, bedenkt man, dass man sonst die kompletten Behandlungskosten oder schlimmstenfalls einen Krankenrücktransport in sein Heimatland zu zahlen hätte.

Weitere Reiseversicherungen

Wer eine Pauschalreise bucht, sollte spätestens bei der ersten (An-)Zahlung von seinem Veranstalter bzw. dem Reisebüro einen **Sicherungsschein** bekommen. Dieser belegt, dass sich der Veranstalter gegen Insolvenz oder Zahlungsunfähigkeit versichert hat, sodass für den Reisenden die Rückzahlung von geleisteten Anzahlungen oder Kostenersatz für den Reiserücktransport abgedeckt sind.

Eine **Reisegepäck- oder Reiserücktrittsversicherung** ist im Einzelfall auf Notwendigkeit zu prüfen. Mitunter ist man auch als Inhaber einer Kreditkarte oder Mitglied eines Automobilklubs schon in der einen oder anderen Weise reiseversichert.

Wetter und Reisezeit

Sonnenschein und blauen Himmel gibt es in Abu Dhabi nahezu das ganze Jahr über. **Regen** fällt selten, meist nur wenige Tage pro Jahr in den Wintermonaten. Die Monate von Oktober bis April werden zum Winter gezählt, dann herrschen Tagestemperaturen zwischen 25 und 35 °C. In **Küstennähe** – also in Abu-Dhabi-Stadt – sorgt oftmals eine frische Meeresbrise für Kühlung, die **Luftfeuchtigkeit** bewegt sich zwischen 30 und 40 Prozent. Der von Mai bis September dauernde Sommer bietet Höchsttemperaturen von 35 bis 45 °C, zudem wirkt die hohe Luftfeuchtigkeit quälend. An der Küste kann sie Werte von über 80 Prozent erreichen!

Die **beste Reisezeit** fällt auf die Monate Oktober bis Mai, am angenehmsten ist es von November bis März mit Temperaturen zwischen 23 und 33 °C. Wer im Sommer nach Abu Dhabi reisen möchte, bekommt dafür als Bonbon in vielen Hotels deutlich günstigere Zimmerpreise.

Im **wüstenhaften Landesinneren** sind die Tagestemperaturen zwar hö-

⬇ *Auch ein Sandsturm kann die Urlaubsstimmung trüben*

Phänomene, ohne die man gut klarkommen würde

Hitze bei Luftfeuchtigkeit: Abu Dhabi ist nicht nur ein heißes Fleckchen, nein, die hohe Luftfeuchtigkeit kann sensiblen Naturen den Rest geben. Kein Wunder, dass „zu Fuß gehen" out ist. Viele hier lebende Asiaten schützen sich mit einem Schirm vor der Sonne. Ein cooler Tipp für alle, die dennoch einen Fußmarsch beginnen und dann kurz vor einem Hitzeschock stehen: Buswartehäuschen bieten Schatten, Klimakühlung und Sitzbänke - zum Pausieren vor dem Weitergehen oder beim Warten, um doch auf den Bus umzusteigen.

Aircondition mit Eisgebläse: Schön ist, dass es überall Klimaanlagen gibt, nicht so schön dagegen, dass sie oft rund um die Uhr laufen und mitunter arktische Temperaturen ausströmen. Wenn man verschwitzt in seinem kühlschrankgleichen Hotelzimmer ankommt, wo das nette Servicepersonal die Klimaanlage voll aufgedreht hat, oder wenn man während einer Busfahrt schockgefrostet wird, dann ist das nicht nur nervig, sondern auch gesundheitsschädlich. Tipp: Besser immer was zum Überziehen mitnehmen.

062ad Abb.: kk

Im Sommer nach Abu Dhabi?

Wegen der **hohen Temperaturen** und der **hohen Luftfeuchtigkeit** wirkt es nicht allzu einladend, während der heißen Sommermonate nach Abu Dhabi zu reisen. Doch wer einen stabilen Kreislauf besitzt und sich tagsüber nicht allzuviel im Freien aufhält, wird feststellen, dass der Sommer auch Vorzüge mit sich bringt (und immerhin sind alle Innenräume sowie Autos und Busse gekühlt):

› In der Nebensaison (Mai bis Oktober) **senken zahlreiche Hotels ihre Preise.** Tipp: Nach „Summer Packages" fragen (inklusive Mahlzeiten, Sport- und Ausflugsangeboten usw.).

› Auch viele lokale **Tourveranstalter** bieten attraktive **Nebensaisonpreise.**

› Bei **Mietwagenagenturen** hat man als einer der „seltenen" Kunden einen breiten Verhandlungsspielraum.

Anregungen für den „hot summer in the city":

› Eine **mittägliche Siesta** entspricht dem Tagesrhythmus der Einheimischen und hilft, Energie für die langen Abendstunden zu tanken.

› Alle Aktivitäten, die draußen stattfinden, sollte man auf die sehr **frühen Morgen- und späten Nachmittagsstunden** legen.

› Alle Aktivitäten, die in **geschlossenen Räumen** (klimatisiert) stattfinden, können auf die Mittagszeit gelegt werden. **Schlittschuhlaufen, Wassersport** oder **Wasserparkbesuch** sind ebenfalls ideal zur Mittagszeit.

› Man kann an den Veranstaltungen der **Abu Dhabi Summer Season** (s. S. 42) teilnehmen – auch in den riesigen Messehallen (mit Klimaanlage) finden Events statt.

› Im Oasenort **Al Ain** (s. S. 82) ist es deutlich kühler als an der Küste in Abu-Dhabi-Stadt – der kühlste Ort im Emirat ist der Gipfel des Hafeet-Berges **27** – neben einer kühlen Brise und einer tollen Aussicht gibt es hier auch ein Hotel.

her als an der Küste, doch die Luftfeuchtigkeit ist niedriger, weshalb dieses Klima als angenehmer empfunden wird. Auch kühlt es nachts stärker ab.

Trostpflaster für Hitzeempfindliche: Nahezu alle **Innenräume sind klimatisiert** und da Freizeitaktivitäten zur kühleren Abendstunde stattfinden, gibt es lange Öffnungszeiten.

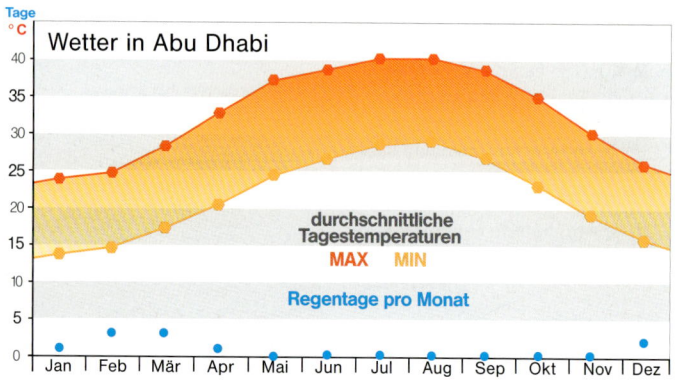

Wetter in Abu Dhabi

durchschnittliche Tagestemperaturen
MAX   MIN

Regentage pro Monat

Jan Feb Mär Apr Mai Jun Jul Aug Sep Okt Nov Dez

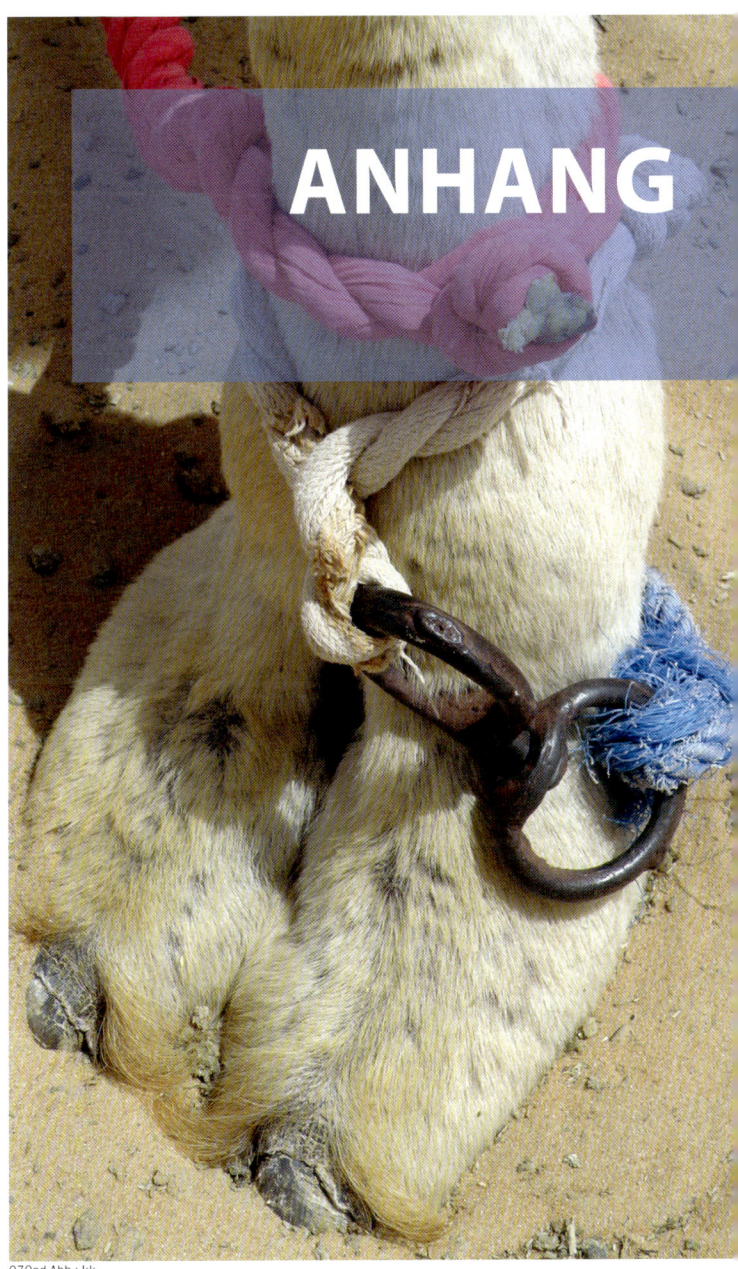

ANHANG

070ad Abb.: kk

Höflichkeiten auf Arabisch

Auch wenn man sich in Dubai mit bei-
nahe jedermann auf Englisch unter-
halten kann, so wird es einem doch
sehr hoch angerechnet, wenn man
wenigstens einige arabische Rede-
wendungen kennt. Insbesondere bie-
ten sich hierfür natürlich die Begrü-
ßungsfloskeln an.

Die hier aufgeführten „Sie"-For-
men unterscheiden sich nicht von
der jeweiligen „Du"-Form. Doppelt
geschriebene Vokale **aa** werden be-
tonter (länger) gesprochen, als kurze
(fast schon unausgesprochenen) Vokale. Stimmabsätze sind mit mit dem
Zeichen ' dargestellt.

Die folgenden Floskeln sollte man
schnell sprechen:

❯ **Friede sei mit Euch (Guten Tag):**
as salaam 'alaikum
Antwort: Und Friede sei mit Euch:
wa 'alaikum as salaam

❯ **Guten Morgen:** sabaah al khair
Antwort: sabaah an nuur (Einen Morgen
des Lichtes)

❯ **Guten Abend:** msaa al khair
Antwort: msaa an nûr (Einen Abend
des Lichtes)

❯ **Hallo:** marhabaa

❯ **Willkommen:** 'ahlan wa sahlan
Antwort: 'ahlan wa sahlan

❯ **Wie gehts?:** kayf al haal?
Antwort: al hamdulillah (Gott sei's
gelobt) oder kwayis (Gut)
Dann stets **Gegenfrage** anschließen:
Wie geht es Ihnen?: kayf al haal 'anta
(zu einem Mann)/kayf al haal 'anti (zu
einer Frau)?

❯ **Wie heißen Sie?:** maa 'ismak (zu einem
Mann)/maa 'ismik (zu einer Frau)?
Antwort: Ich heiße ...: 'ismii ...

❯ **Woher kommen Sie?:** Min ayna 'anta
(zu einem Mann)/Min ayna 'anti (zu einer
Frau)?
Antwort: aus Deutschland:

Min 'almaaniyaa/aus der Schweiz: Min
swisraa/aus Österreich: Min an nimsaa

❯ **Sprechen Sie englisch/arabisch?:**
tachii 'ingliisii/'arabii?
Antwort: Ein bisschen: shwayya/Ich
spreche kein arabisch: maa 'atakallam
'arabii.

❯ **Bitte (von jemandem erbitten):**
Min fadlak (zu einem Mann)/Min fadliki
(zu einer Frau)
Antwort: Danke: shukran
Gegenantwort: Keine Ursache: 'afwan

❯ **Bitte (jemandem etwas anbieten):**
tafadaal (zu einem Mann)/tafadaalii
(zu einer Frau)
Antwort: Danke: shukran

❯ **Wenn Sie erlauben:** lau samaht
Antwort: Bitte: tafadaal (zu einem
Mann)/tafadaalii (zu einer Frau)

❯ **Entschuldigung, es tut mir leid:** 'anaa
'aasif (als Mann)/'anaa 'aasifa (als Frau)
Antwort: Keine Ursache: 'afwan

❯ **Hoffentlich, wahrscheinlich, so Gott**
will, wenn nichts dazwischen kommt:
'insha'allah

❯ **Darf ich fotografieren?:** mumkin suura
(Möglich Foto)?

❯ **Auf Wiedersehen!:** ma'a salaama
(Mit dem Frieden)

NEU: Die wichtigsten Wörter mit dem
Bonus-Audiotrack des Kauderwelsch-
AusspracheTrainers auf PC oder Smart-
phone lernen (siehe Umschlag hinten).

Arabische Zahlen

Arabische Zahlen werden (im Gegensatz zu Buchstaben) von links nach rechts geschrieben.

1/one/wâhid	١
2/two/ithnain	٢
3/three/thalâtha	٣
4/four/arba'a	٤
5/five/khamsa	٥
6/six/sitta	٦
7/seven/sab'a	٧
8/eight/thamânya	٨
9/nine/Tis'a	٩
10/ten/'ashara	١٠

20/twenty/'ishrîn	٢٠
30/thirty/thalâthîn	٣٠
40/fourty/arbaîn	٤٠
100/one hundred/miya	١٠٠
200/two hundred/mîtain	٢٠٠
300/three hundred/thalâtha miya	٣٠٠
400/four hundred/arba'a miya	٤٠٠
1000/one thousand/alf	١٠٠٠
2000/two thousand/alfain	٢٠٠٠
3000/three thousand/thalâthat alâf	٣٠٠٠

Sprachführer für die Region von REISE KNOW-HOW

Arabisch für die Golfstaaten – Wort für Wort
Daniel Krasa
978-3-89416-496-6
192 Seiten
Kauderwelsch Band 133
Umschlagklappen mit Aussprache und wichtigen Redewendungen, Wörterlisten
Arabisch – Deutsch, Deutsch – Arabisch
7,90 Euro [D]

**AusspracheTrainer
Arabisch für die Golfstaaten (Audio-CD)**
Daniel Krasa
978-3-8317-6037-4
Ca. 60 min Laufzeit
Die wichtigsten arabischen Vokabeln und Redewendungen aus dem Reisealltag.
Muttersprachler sprechen vor, mit Nachsprechpausen.
7,90 Euro [D]

Register

A

Abu Dhabi Art 42
Abu Dhabi Art Hub 37
Abu Dhabi Classics 42
Abu Dhabi Department
of Transport 126
Abu Dhabi Desert
Challenge 43
Abu Dhabi Festival 42
Abu Dhabi Film Festival 42
Abu Dhabi HSBC Golf
Championship 41
Abu Dhabi International
Airport 94
Abu Dhabi International
Triathlon 42
Abu Dhabi National
Exhibition Centre 35
Abu Dhabi National
Theatre 35
Abu Dhabi Pearl Journey 50
Abu Dhabi Science
Centre 56
Abu Dhabi Summer
Season 42
Abu Dhabi Tourism &
Culture Authority 103
Achterbahn 78
Al Ain 48, 82
Al Ain Aerobatic Show 43
Al Ain Oasis 84
Al Ain Palace Museum 86
Al Bateen 65
Al Bateen Airport 95
Al Bateen Public Beach 39
Al Dhafra Camel Festival 43
Al Etihad Square 69
Al Gharbia Falconry
Festival 43
Al Gharbia Watersports
Festival 43
Al Hosn Fort 70
Al Jahili Fort 87
Alkohol 25, 33, 96
Al Markaziyah 10

Al Meena 67
Al Murjan Splash Park 109
Al Qattara Arts Centre 88
Al Qattara Oasis
und Souq 88
Al Raha 57
Al Raha Beach 39
Al Ras al Akhdar 61
Al Zahiyah Park 38
An- und Rückreise 94
Apotheken 108
Apps 105
Arabian Nights Village 84
Arabisch 115, 132
Arabischer
Wüstenabend 117
Arzt 107
Ausgehen 32
Auslandskranken-
versicherung 107, 128
Ausrüstung 95, 100
Autofahren 96

B

Banken 101
Barrierefreies Reisen 97
Bars 32
Bootstouren 118
Botschaft 98
Breakwater 65
Briefmarken 111
Busse 127

C

Cafés 30
Capital Garden 38
Corniche 61
Corniche Public
Beach 40, 61

D

Date Palm Festival 42
Debitkarten 101
Deutsch 115
Dhau 28
Dhau-Hafen 68
Dinnercruise 28, 69

Diplomatische
Vertretungen 98
Dirham 100

E

EC-Karte 101
Einkaufen 17, 90
Einkaufszentren 19
Ein- und Ausreise-
bestimmungen 98
Elektrizität 99
Emirat 46
Emirates Palace Hotel 63
Emirates Post 111
Englisch 115
Entspannen 37
Erdgas 46
Erdöl 46
Erholung 112
Essen und Trinken 24
Etihad Modern Art
Gallery 37
Etihad Towers 64
EZ-Elektromobiltaxis
62, 127

F

Falcon Hospital 81
Falken 52, 81
Feiertage 43, 44
Feilschen 18
Ferrari World 78
Festlandvororte 80
Film 99
Fischmarkt 68
Flugverbindungen 94
Formel 1 77
Formula 1 Etihad
Airways Abu Dhabi
Grand Prix 42, 77
Foto 99

G

Gastronomie 24
Geldautomaten 100
Geldfragen 100
Geschäfte 21

Geschichte 48
Geschwindigkeits-
begrenzungen 96
Gesundheitsvorsorge 103
Gewichte 106
Gourmet Abu Dhabi 41
Greater Abu Dhabi City 56
Green Mubazzarah Park 90
Guggenheim Museum 74

H
Hafeet-Berg 90
Hafenviertel 67
Handy 120
Hauptinsel 60
Heritage Village 66
Herrschende Häupter 55
Homosexuelle 112
Hop-on-Hop-off-Touren 115
Hotels 121
Hygiene 103

I
Informationsquellen 103
Inlandflüge 95
Insel Lulu 61
International Hunting and
Equestrian Exhibition 42
Internet 106
Internetcafés 106
Internetseiten 104
Islam 54

J
Jagdfalken 52, 81
Jebel Hafeet 90

K
Kamele 89
Kamelmarkt 88
Kamelrennen 113
Kartensperrung 110
Khalifa Park 38
Kinder 98, 108
Kleidung 95
Klubs 32
Konzerte 35

Krankenhäuser 107
Kreditkarte 101
Kreisverkehre 96
Kunstgalerien 36
Kunsthandwerk 22
Kurierdienste 111
Kurzurlaub 8
Küstennähe 60

L
Leben in der Stadt 51
Lesben 112
Linienbus 117
Literaturtipps 105
Livestock Market 88
Liwa Date Festival 43
Lounges 32
Louvre 74

M
Madinat Zayed Shopping
Centre & Gold Centre 71
Malls 19
Manarat Al Saadiyat 37, 75
Marina Mall 65
Maritime Museum 75
Masdar City 56
Maße 106
Medien 104
Medizinische
Versorgung 107
Meena Market 68
Menschen mit
Behinderung 97
Mietwagen 97
Minibus-Sammeltaxis 127
Miraj Islamic Centre 66
Mobiltelefon 120
Moderne 51
Museen 35

N
Nachtleben 32
Nationalmuseum 85
Notfallambulanz 107
Notfälle 109
Notrufnummern 109

O
Öffnungszeiten 110

P, Q
Parks 37
Performing Arts Centre 74
Polizei 109
Porto 111
Port Zayed 67
Post 111
Publikationen 104
Pubs 32
Qasr al Hosn Festival 41

R
Radfahren 111
Ramadan 25, 26, 44
Rauchen 26
Red Bull Air Race 42
Reisekasse 101
Reisezeit 129
Religion 54
Religiöse Feiertage 43
Resorts 123
Restaurants 25
Rundflüge 119
Rundgang 15

S
Saadiyat 74
Saadiyat Beach 76
Saadiyat Beach Club 40
Saadiyat Cultural
District 35, 74
Saadiyat
Public Beach 40
Sanddünenski 115
Schildkröten 75
Schwule 112
Shaikh 54
Shaikh Khalifa bin Zayed
al Nahyan 55
Shaikh Sultan bin Zayed
Fort 85
Shaikh Zayed Centre 65
Shaikh Zayed
Grand Mosque 71

Shaikh Zayed Heritage
  Festival 43
Shaikh Zayed National
  Museum 74
Shopping 17, 90
Sicherheit 112
Sonnenwärme-
  kraftwerk 56
Souq Al Qattara 88
Souqs 20
Souvenirs 23
Spartipps 102
Spermotruf 110
Sport 112
Sprache 115, 132
Staatliche Feiertage 44
Stadt in Zahlen 46
Stadtnahe Inseln 74
Stadtplanung 56
Stadtspaziergang 15
Stadttouren 115
Stadtzentrum 69
Stamm 54
Strände 39
Stromspannung 99

T
Taxis 126
Telefonieren 119
Termine 41
Terry Fox Run 41
Theater 35
The Laughter Factory 35

The Saadiyat Story 76
Thesiger, Wilfred 87, 105
The Souk at Qaryat
  Al Beri 81
Tiermarkt 88
Touristeninformation 103
Tourveranstalter 116
Tradition 51
Träumen 37

U
UAE Jet Ski Champion-
  ship 42
UAE National Day
  Celebrations 42
UAE National Symphony
  Orchestra 35
Uhrzeit 121
UIM F1 Powerboats World
  Championship 42
Unfall 97
Unterkunft 121

V
Veranstaltungen 41
Veranstaltungskalender 42
Vereinigte Arabische
  Emirate 46
Verhaltenstipps 125
Verkehrsmittel 126
Verkehrssituation 96
Versicherungen 128
Visum 98

Vorwahl 5
Vorwahlen 120, 141
V PAY 101

W
Währung 100
Websites 104
Wechselkurs 101
Wechselstuben 100
Wellenbrecherhalbinsel 65
Wellness 41
Wetter 129
WLAN 30, 106
Women's Handicraft
  & Heritage Centre 71
WTC Souq 69
Wüstenoasen 48, 82

Y, Z
Yas 76
Yasalam 42
Yas Beach Beachclub 41
Yas Express 77
Yas Mall 80
Yas Marina 78
Yas Marina Circuit 77
Yas Viceroy Abu Dhabi
  Hotel 77
Yas Waterworld 79
Zahnkliniken 107
Zayed City 56
Zeit 121
Zoll 98

Die Autorin

Kirstin Kabasci hat Islam- und Erziehungs-wissenschaft studiert und arbeitet als Auto-rin von Reisehandbüchern, Sprach- und Kulturführern. Ihre Fachgebiete sind die V.A.E., Oman, Jemen, Qatar, Bahrain und Köln. Arbeits- und Studienaufenthalte führen sie seit rund 20 Jahren regelmäßig auf die Arabische Halbinsel, in den Nahen Osten und nach Nordafrika.

Schreiben Sie uns

Dieses Buch ist gespickt mit Adressen, Preisen, Tipps und Daten. Unsere Autoren recherchieren unentwegt und erstellen alle zwei Jahre eine komplette Aktualisierung, aber auf die Mithilfe von Reisenden können sie nicht verzichten. Darum: Teilen Sie uns bitte mit, was sich geändert hat oder was Sie neu entdeckt haben. Gut verwertbare Informationen belohnt der Verlag mit einem Sprachführer Ihrer Wahl aus der Reihe „Kauderwelsch".

Kommentare übermitteln Sie am ein-fachsten, indem Sie die Web-App zum Buch aufrufen (siehe Umschlag hinten) und die Kommentarfunktion bei den einzel-nen auf der Karte angezeigten Örtlichkei-ten oder den Link zu generellen Kommen-taren nutzen. Wenn sich Ihre Informationen auf eine konkrete Stelle im Buch beziehen, würde die Seitenangabe uns die Arbeit sehr erleichtern. Unsere Kontaktdaten entneh-men Sie bitte dem Impressum.

Impressum

Kirstin Kabasci

CityTrip Abu Dhabi

© REISE KNOW-HOW Verlag
  Peter Rump GmbH 2014
**2., neu bearbeitete und
  komplett aktualisierte Auflage 2015**

Alle Rechte vorbehalten.

ISBN 978-3-8317-2577-9
PRINTED IN GERMANY

Druck und Bindung:
  Media-Print, Paderborn

Herausgeber: Klaus Werner
Layout: amundo media GmbH (Umschlag, Inhalt),
  Peter Rump (Umschlag)
Lektorat: amundo media GmbH
Karten: Ingenieurbüro B. Spachmüller,
  amundo media GmbH
Anzeigenvertrieb: KV Kommunalverlag GmbH &
  Co. KG, Alte Landstraße 23, 85521 Ottobrunn,
  Tel. 089 928096-0, info@kommunal-verlag.de
Kontakt: Osnabrücker Str. 79, 33649 Bielefeld,
  info@reise-know-how.de

Alle Angaben in diesem Buch sind gewissen-haft geprüft. Preise, Öffnungszeiten usw. können sich jedoch schnell ändern. Für eventuelle Fehler übernehmen Verlag wie Autorin keine Haftung.

Bildnachweis
Umschlagvorderseite: Fotolia.com©tobago77 | Umschlagklappe rechts: Kirstin Kabasci
Soweit ihre Namen nicht vollständig am Bild vermerkt sind, stehen die Kürzel an den Abbildungen für die folgende Fotografen, Firmen und Einrichtungen. Arabian Nights: an | Big Bus Tours: bt | Emirates Palace Hotel: ep | Falcon Hospital: fh | Fotolia.com: fo | Jumeirah: ju | Kirstin Kabasci: kk | TDIC: td | Yas Marina: ym | Yas Waterworld: yw

Liste der Karteneinträge

❶ [F2] Corniche S. 61
❷ [A2] Emirates Palace Hotel S. 63
❸ [A3] Etihad Towers S. 64
❹ [C5] Al Bateen S. 65
❺ [B5] Shaikh Zayed Centre S. 65
❻ [B1] Marina Mall S. 65
❼ [C2] Heritage Village S. 66
❽ [I1] Dhau-Hafen, Fischmarkt und Meena Market S. 68
❾ [F2] WTC Souq S. 69
❿ [E3] Al Hosn Fort S. 70
⓫ [G3] Madinat Zayed Shopping Centre & Gold Centre S. 71
⓬ [cn] Women's Handicraft & Heritage Centre S. 71
⓭ [fo] Shaikh Zayed Grand Mosque S. 71
⓮ [dk] Saadiyat Beach S. 76
⓯ [im] Yas Marina Circuit S. 77
⓰ [im] Ferrari World S. 78
⓱ [im] Yas Waterworld S. 79
⓲ [im] Yas Mall S. 80
⓳ [fo] The Souk at Qaryat Al Beri S. 81
㉑ [S. 83] Al Ain Oasis S. 84
㉒ [S. 83] Nationalmuseum und Shaikh Sultan bin Zayed Fort S. 85
㉓ [S. 83] Al Ain Palace Museum S. 86
㉔ [S. 83] Al Jahili Fort S. 87
㉖ [S. 83] Livestock Market (Tier-/Kamelmarkt) S. 88
㉗ [S. 83] Jebel Hafeet und Green Mubazzarah Park S. 90

🛍1 [I4] Abu Dhabi Mall S. 19
🛍2 [hn] Al Raha Mall S. 19
🛍3 [F5] Al Wahda Mall S. 19
🛍4 [A3] Avenue at Etihad Towers S. 19
🛍7 [G3] Hamdan Centre S. 20
🛍8 [D4] Khalidiyah Mall S. 20
🛍9 [I3] Khalifa Complex S. 20
🛍10 [dn] Mushrif Mall S. 20
🛍11 [J3] The Galleria S. 20
🛍12 [cm] The Reem Mall S. 20
🛍13 [F2] WTC Mall S. 20
🛍14 [J2] Carpet Market S. 20
🛍15 [J1] Fish Market S. 20
🛍16 [F4] Madinat Zayed Fish & Vegetable Market S. 21
🛍17 [bk] New Meena Market S. 21
🛍18 [J1] Vegetable Market S. 21
🛍19 [B1] Candelite S. 21
🛍20 [D3] Folklore Gallery S. 21
🍴21 [F2] Abu Shakra S. 25
🍴22 [J1] Al Arish Restaurant S. 25
🍴23 [H3] Automatic S. 27
🍴24 [H3] Awtar S. 27
🍴25 [bk] Castello S. 27
🍴26 [G3] Just Falafel S. 27
🍴27 [G2] Marakesh S. 27
🍴28 [F2] Marroush S. 27
🍴29 [cn] Sadaf S. 28
🍴30 [J3] Sambusek/Smoke S. 28
🍴31 [F2] Tarbouche al Basha S. 29
🍴32 [I3] Bu Tafish S. 29
🍴33 [F3] Caravan S. 29
🍴34 [I4] Finz S. 29
🍴35 [F4] Foodlands S. 29
🍴36 [F3] Gems S. 29
🍴37 [G2] Golden Fork S. 29
🍴38 [fo] Marco Pierre White Steakhouse & Grill S. 29
🍴39 [F3] Ponderosa Steak House S. 30
🍴40 [G5] RESTO! S. 30
🍴41 [B3] Rhodes 44 S. 30
🍴42 [F2] Shakespeare and Co S. 30
🍴43 [H3] Tabaq S. 30
🍴44 [G5] The Village Club S. 30
🍴45 [I4] Trader Vic's S. 30
🍴46 [H3] Al Saj Café S. 31
🍴47 [G2] Baguette S. 31
🍴48 [E3] Café Firenze S. 31
🍴49 [G2] Layali Zaman S. 31
🍴50 [B2] Le Boulanger Marina Café S. 31
🍴51 [jn] Organic Foods and Café S. 31
🍴52 [cm] Shabby Chic Café S. 31
🍴53 [I3] 49er's The Gold Rush S. 32

🔴54 [I4] Brauhaus S. 33

🔵55 [do] Club SO-HI by Relax@12 S. 33

🔴56 [J3] La Cava S. 34

🔴57 [hn] McGettigan's S. 34

🔴58 [H2] PJ O'Reilly's S. 34

🔴59 [I2] Rock Bottom S. 34

🔵60 [H2] Stratos S. 34

🔴61 [cn] Abu Dhabi National
Theatre S. 35

🔴62 [im] du Arena S. 35

🔴63 [in] du Forum S. 35

🔴64 [do] ADNEC S. 35

🔵66 [C4] Etihad Modern
Art Gallery S. 37

🔵67 [dk] Manarat Al Saadiyat S. 37

●68 [G2] Capital Garden S. 38

●69 [eo] Khalifa Park S. 38

●70 [I3] Al Zahiyah Park S. 38

🔴71 [cn] Café Arabia S. 38

●72 [jm] Yas Gateway Park S. 39

●73 [co] Al Bateen Public Beach S. 39

●74 [hn] Al Raha Beach S. 39

●76 [ek] Saadiyat Public Beach S. 40

●77 [C2] Corniche Public Beach S. 40

●78 [in] Yas Beach Beachclub S. 41

●79 [F3] Stop Relax Spa S. 41

●80 [A3] Observation Deck at
300 S. 64

🔵81 [A1] Miraj Islamic Centre S. 66

●82 [im] Yas Marina S. 78

🔺85 [S. 83] Al Ain Souq S. 92

🔺86 [S. 83] Bawadi Mall und
Al Qaws Souq S. 92

🔺87 [S. 83] Souq al Zaafarana S. 92

🔺88 [S. 83] Town Square S. 92

🔺89 [S. 83] Vegetable and
Meat Market S. 92

🔺90 [S. 83] Zayed bin Sultan St S. 92

●92 [do] ADNEC Check In S. 95

●93 [I4] City Terminal Check In S. 95

●94 [eo] Al Bateen Airport S. 95

●95 [I3] Embassy of the Federal
Republic of Germany S. 98

●96 [dl] Embassy of the Republic
of Austria S. 98

●97 [eo] Embassy of Switzerland S. 98

●98 [F3] UAE Exchange S. 101

ℹ99 [eo] Abu Dhabi Tourism
& Culture Authority S. 103

@100 [D3] Cuba Café S. 106

@101 [F3] Katia Café and
Restaurant S. 106

➕102 [cm] Ettihad Urgent Care S. 107

➕103 [D4] Khalidiya Urgent Care S. 107

➕104 [eo] Al Noor Hospital S. 107

➕105 [I3] Al Salama Hospital S. 107

➕106 [G3] Lifeline Hospital S. 107

➕107 [E5] Sheikh Khalifa
Medical City S. 107

➕108 [F3] Abu Dhabi Dental
Center S. 107

➕109 [dn] Al Dhafra Dental Center S. 107

➕110 [B4] Modern German Dental
Clinic S. 107

●111 [eo] Al Murjan Splash Park S. 109

●112 [C3] Children's Park (1) S. 109

●113 [cn] Children's Park (2) S. 109

●114 [E2] Family Park S. 109

●115 [cn] Polizeihauptquartier (Police
General Headquarters) S. 109

✉116 [G4] Abu Dhabi Central Post
Office S. 111

🆂118 [ho] Al Forsan International
Sports Resort S. 113

🆂119 [eo] Zayed Sports City S. 114

●120 [F2] Abu Dhabi Travel
Bureau S. 116

●121 [D3] Arabian Adventures S. 116

●122 [hn] Desert Adventures
Tourism S. 116

●123 [G4] Hala Abu Dhabi S. 116

●124 [D3] Orient Tours S. 116

●125 [H2] Travco Travel S. 116

●126 [eo] Bus Stop Zayed Sports
City S. 118

●127 [J1] Sea Cruiser S. 118

●128 [am] Belevari Marine S. 118

🆂129 [go] Noukhada Adventure
Company S. 118

●130 [im] Captain Tony's S. 119

Liste der Karteneinträge

- **131** [am] Yellow Boats S. 119
- **132** [C1] Falcon Aviation S. 119
- **133** [im] Seawings S. 119
- 🏨**134** [G3] Abu Dhabi Plaza Hotel Apartments S. 122
- 🏨**135** [H2] Al Ain Palace Hotel S. 122
- 🏨**136** [I3] Al Diar Dana Hotel S. 122
- 🏨**137** [H2] Al Diar Mina Hotel S. 122
- 🏨**138** [I3] Al Manzel Hotel Apartments S. 122
- 🏨**139** [do] Aloft Abu Dhabi S. 122
- 🏨**140** [F3] Cassells Hotel Apartments S. 122
- 🏨**141** [cm] Centro Al Manhal S. 122
- 🏨**142** [eo] Centro Capital Centre S. 122
- 🏨**143** [im] Centro Yas Island S. 122
- 🏨**144** [G3] Down Town Plaza Hotel Apartments S. 122
- 🏨**145** [I3] Fortune Hotel Apartments S. 122
- 🏨**146** [gp] Ibis Abu Dhabi Gate S. 122
- 🏨**147** [H3] Ivory Hotel Apartments S. 122
- 🏨**148** [H4] Kingsgate Hotel S. 123
- 🏨**149** [G3] Mercure Abu Dhabi Centre Hotel S. 123
- 🏨**150** [F3] Paragon Hotel S. 123
- 🏨**151** [im] Staybridge Suites S. 123
- 🏨**153** [dn] Eastern Mangroves Hotel & Spa by Anantara S. 123
- 🏨**155** [A3] Hilton Abu Dhabi S. 124
- 🏨**156** [A3] InterContinental Abu Dhabi S. 124
- 🏨**157** [A3] Jumeirah At Etihad Towers S. 124
- 🏨**158** [I3] Le Meridien Abu Dhabi S. 124
- 🏨**159** [H2] Sheraton Abu Dhabi Hotel & Resort S. 124
- 🏨**160** [fo] The Ritz-Carlton Abu Dhabi, Grand Canal S. 124
- 🏨**161** [dk] The St. Regis Saadiyat Island Resort S. 124
- 🏨**162** [fo] Traders Hotel Qaryat Al Beri S. 124
- 🏨**163** [fo] Shangri-La Qaryat Al Beri S. 124
- 🏨**164** [im] Yas Viceroy Abu Dhabi S. 125
- **165** [G5] Abu Dhabi Taxi Stand S. 127
- **166** [B1] Bus Terminal Al Marina S. 128
- **167** [G2] Bus Terminal Khalifa St S. 128
- **168** [G5] Abu Dhabi Main Terminal Bus Station S. 128

Hier nicht aufgeführte Nummern liegen außerhalb der abgebildeten Karten. Ihre Lage kann aber wie die von allen Ortsmarken im Buch mithilfe der Web-App angezeigt werden (s. S. 143).

Hinweise zur Benutzung

Abkürzungen

> UAE – United Arab Emirates
> V.A.E. – Vereinigte Arabische Emirate
> Dh – Dirham, Landeswährung der V.A.E.

Sonstige Hinweise

> **Preisangaben** erfolgen in der Landeswährung. Eintrittspreise etc. beziehen sich meist auf Erwachsene, Kinder bekommen oft Ermäßigungen.
> **Ortsangaben** beinhalten das Stadtviertel, den Straßennamen und ggf. bekannte Gebäude in der Nähe. In diesem Buch samt seinem Faltplan sind Änderungen des landesweiten neuen Geo-Adresssystems Onwani (s. u.) zum Stand seiner ersten Phase in Abu Dhabi berücksichtigt.
> Alle emiratischen **Telefonnummern** sind so gelistet, dass man sie aus Abu-Dhabi-Stadt direkt wählen kann, d. h. ohne die Ortsvorwahl 02. Um nach Al Ain zu telefonieren, ist die Ortsvorwahl 03 nötig, daher steht diese stets dabei. Die Landesvorwahl der V.A.E. lautet 00971.
> Sofern keine Tage angegeben sind, haben Geschäfte, Restaurants usw. täglich **geöffnet**. An **Feiertagen** (s. S. 43 u. S. 44) bleiben die meisten Sehenswürdigkeiten geschlossen. Während des Fastenmonats **Ramadan** gelten überall besondere Öffnungszeiten.

Straßensystem

Nach und nach wird in den V.A.E. ein **neues Geo-Adress- und Navigations-System** eingeführt. Allein in Abu Dhabi bekommen 12.000 Straßen einen Namen bzw. einen neuen Namen und 200 Stadtteile werden unterteilt und ggf. umbenannt. Auch Hausnummern und Postleitzahlen soll es demnächst geben. Das Projekt heißt „**Onwani**", was übersetzt „Meine Adresse" bedeutet, und es betrifft rund 200.000 Adressen. Onwani nutzt modernste Technologien wie QR-Codes, mobile Apps und Google Maps, um dem Nutzer die Orientierung so leicht wie möglich zu machen. Bis voraussichtlich 2016 soll all dies etabliert sein.

Das bedeutet nicht nur namentliche Neuerungen, sondern auch, dass Hauptstraßen keine (bislang meist fortlaufend durchnummerierten) Straßennummern mehr haben, die bislang zusätzlich Orientierung boten. Bis Onwani sich etabliert hat, wird die Verwirrung groß sein, denn Einheimische nutzen häufig nur im Volksmund bekannte Straßennamen bzw. markante Orientierungspunkte (z.B. Hotels, Banken, Einkaufszentren, Verwaltungseinrichtungen), um eine Adresse zu beschreiben.

Wichtige, das Buch betreffende Neuerungen der ersten Onwani-Phase (Stand: Herbst 2014):

Neuer Stadtteilname	Alter Stadtteilname	Bekannter Name
Al Zahiyah	Tourist Club	Tourist Club
Al Danah*	Madinat Zayed & Al Markaziyah*	Madinat Zayed & Al Markaziyah*
Zayed City	Capital District	Capital District
Khalifa City	Khalifa City A	Khalifa City A
Shakbout City	Khalifa City B	Khalifa City B

*Neue Schilder mit Straßennamen, auf denen auch Stadtteile vermerkt sind, verweisen auf die alten Namen – im Gegensatz zur Stadtteilbeschriftung auf staatlichen Stadtplänen.

Hinweise zur Benutzung

Neuer Straßenname	Alter Straßenname	Alte Nr.	Bekannter Name
k. A.	Shaikh Rashid bin Saeed al Maktoum St.	2.	Airport Rd bzw. Old Airport Rd
Khalifa Bin Zayed The First St.	Khalifa bin Zayed St. bzw. Al Istiqal St.	3.	Khalifa St.
Sultan Bin Zayed The First St.	East St. bzw. Al Sharqi St. bzw. Lulu St.	4.	New Airport Rd. bzw. Murror St.
k. A.	Hamdan bin Mohammed St.bzw. Al Nasr St.	5.	Hamdan St.
Fatima Bint Mubarak St.	Najda St. bzw. Delma St. bzw. Bani Yas bzw. Umm al Nar St.	6.	Najda St.
k. A.	Shaikh Zayed the First St.	7.	Electra St.
Shaikh Zayed Bin Sultan St.	Al Salam St. bzw. Eastern Ring Rd	8.	Salam St.
k. A.	Al Falah St.	9.	Passport Rd
k. A.	Hazza bin Zayed the First St.	11.	Defense St.
Shakhbout Bin Sultan St.	Al Saada St.	19.	Saada St.
Mubarak bin Mohammed St.	King Khalid bin Abdul Aziz St.	26.	26. St.
Al Bateen St.	Sultan bin Zayed St. bzw. Al Khalidiya St.	32.	Bateen St.
Shaikh Khalifa Bin Zayed al Nahyan Highway	Shaikh Khalifa Highway		Khalifa Highway

> Infos: www.onwani.ae, Tel. 800555
> Aktuelle, auf staatlichen Daten basierende, interaktive Stadtpläne des Emirats bietet das Abu Dhabi Spatial Data Infrastructure Public Geospatial Portal: www.geoportal.abudhabi.ae

Abu Dhabi mit PC, Smartphone & Co.

QR-Code auf dem Umschlag scannen oder **www.reise-know-how.de/citytrip/abudhabi15** eingeben und die **kosten-lose Web-App** aufrufen (Internetverbin-dung zur Nutzung nötig)!

GRATIS-APP
orientieren
informieren
verständigen

★ **Anzeige der Lage und Luftbildansichten** aller beschriebenen Sehenswürdigkeiten und weiterer Orte
★ **Routenführung** vom aktuellen Standort zum gewünschten Ziel
★ **Exakter Verlauf** des empfohlenen Stadtspaziergangs
★ **Audiotrainer** der wichtigsten Wörter und Redewendungen
★ **Aktuelle Infos** nach Redaktionsschluss

GPS-Daten zum Download

Auf der Produktseite dieses Titels unter www.reise-know-how.de stehen die GPS-Daten aller Ortsmarken als KML-Dateien zum Download zur Verfügung.

Stadtplan für mobile Geräte

Um den Stadtplan auf Smartphones und Tablets nutzen zu können, empfehlen wir die App „PDF Maps" der Firma Avenza™. Der Stadtplan wird aus der App her-aus geladen und kann dann mit vielen Zusatzfunktionen genutzt werden.

Apps zu Abu Dhabi

Eine Auswahl an **empfehlenswerten Apps** finden Sie auf Seite 105.

Zeichenerklärung

❶	Sehenswürdigkeit
[F2]	Verweis auf Planquadrat im Kartenmaterial
✚ ✚	Arzt, Apotheke, Krankenhaus
❶	Bar, Bistro, Klub, Treffpunkt
◐	Kneipe, Biergarten
◖	Café
◗	Fischrestaurant
🏛	Galerie
🔒	Geschäft, Kaufhaus, Markt
⚓	Hafen, Anlegestelle
🏨	Hotel, Resort, Unterkunft
❶	Informationsstelle
@	Internetcafé
☪	Moschee
♫	Musikszene, Disco
🅿	Parken
✉	Postamt
⚙	Polizei
🍴	Restaurant
•	Sonstiges
S	Sporteinrichtung
◖	Theater
⬤	Turm
☊	Weinlokal, Weinbar

▬	Stadtspaziergang (s. S. 15)
⬭	Shoppingareale
⬭	Gastro- und Nightlife-Areale

Bewertung der Sehenswürdigkeiten

★ ★ ★	auf keinen Fall verpassen
★ ★	besonders sehenswert
★	wichtige Sehenswürdigkeit für speziell interessierte Besucher

Marina Mall

19

166

Marina Village

Bus Terminal Al Marina

81

132

Breakwater Rd.

50

Emirates Palace

Corniche Public Beach

Corniche Rd. West

155

Nation Towers

41

4 80

157

Etihad Towers

3

AL KHUBEIRAH

Skaikh Zayed the First

Coconut Island Rd.

156

Coconut Island

Ministry of Foreign Affairs

King Abdullah bin Abdulaziz al Saud St

110

Al Bateen Villas

AL BAT

Shaikh Zayed Centre

5

A   B

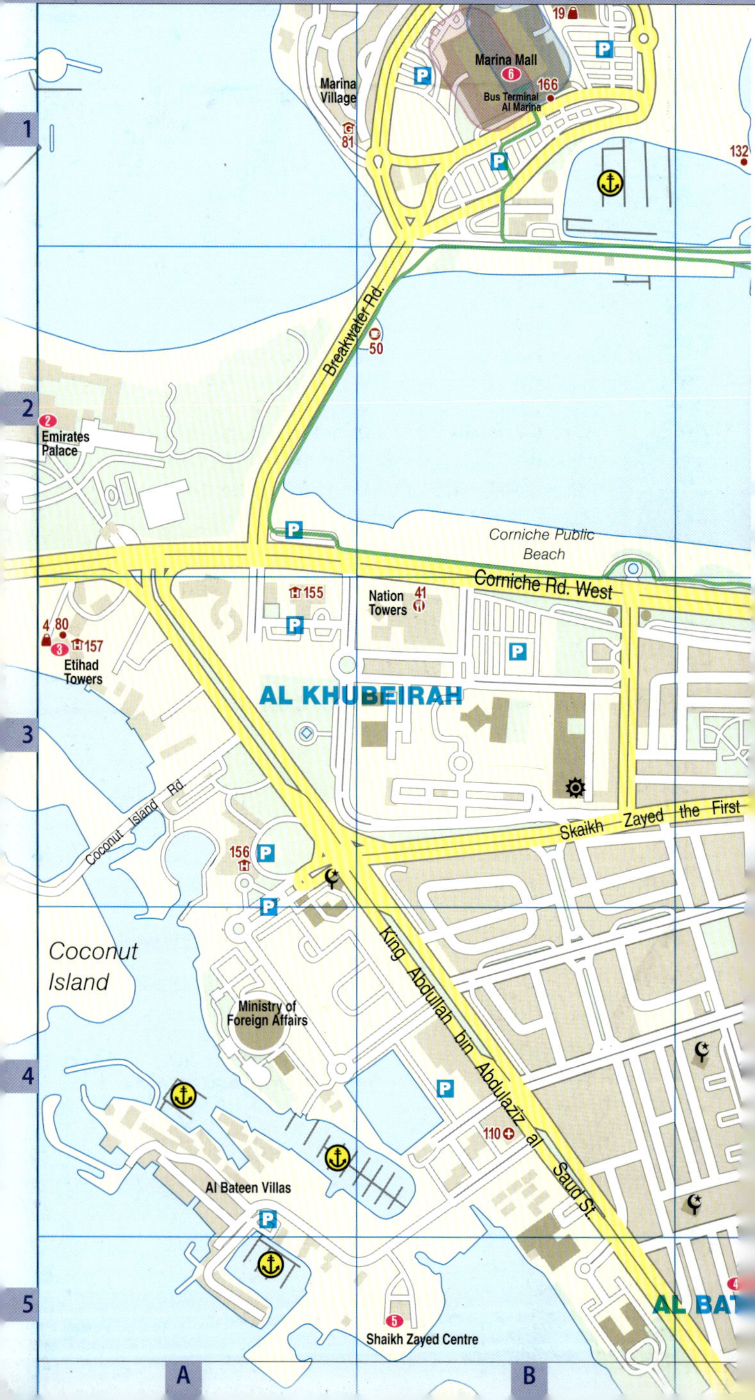